U0030471

老神再在

奇蹟對話錄

謝明杰 著

暢銷修訂版

我是誰？

（速寫／塗至道）

〈修訂版序〉真正的飛

當年的一盆炭和一個來自心靈深處石破天驚的「聲音」，開啟了我往後的全新人生。這本書曾預言它自己會被廣為流傳，當時執筆的我就算寫出這樣的文字，頭腦也還是不相信。可是這個預言兌現了！

當時沒有背景和條件的我，看著這本書被奇蹟般的簽約出版，還讓心靈圈知名前輩掛名推薦，已經覺得不可思議；之後它流傳於全球的華人世界心靈圈引起廣泛討論，也帶動了我的生命起飛。

八年後重審書稿，我依然有著當年的震撼，依然驚訝於那文字深邃的智慧和宏大的格局，依然覺得寫得太好了！僭越的說，它出自於我手，實際上，它是來自以我為管道的更高的智慧存有。姑且稱祂是神吧！

我看著當時處於極端困境的我問出的問題，依然適用於十年後的今天，因為十年對人類心靈的進程實在太短。我看著當時被我處處質疑的祂對我的預言，十年來一一應驗，就算我是一個極端的唯物主義者都會臣服。

曾經有人問我：「要如何可以像你一樣扭轉奇蹟？」我以自身的經驗告訴他：「用一整年的時間讀這本書，反覆的一讀再讀，讀到心裡去，直到書中的觀念成為你的性格。」性格形塑命運，要改變命運就先改變性格，性格總是很難改變，所以人生才會發生更艱難的戲碼來催逼我們調整。

奇蹟是什麼？奇蹟就是你終於發現、終於承認要調整的是自己，而非外在的一切。這份最初的體悟也將帶來最大的禮物。一旦自己開始調整，宇宙就會以你為中心開始跳舞。

我講述這本書中的精髓已經十年了，這個過程使我的人生自二〇〇八年劃開了一條線——之前，是被外境和小我牽動著、控制著，苦不堪言；之後，是我看出生命和人間的實相，也看著自己的小我，然後由「我」決定、由「我」主導。

人生真正的自在不在於財富多寡、名利權勢，真正的自在是心能安定不隨境轉，常在喜悅知足。活在當下其實說穿了不過如此而已。一個人能夠真實觀照自己的心，一定也是個真誠的人，宇宙會向這樣的人示現其規律性，從人性面到宇宙面，從物質面到心靈面。而一個能夠掌握人事物規律性的人，可以未卜先知一語中的，看在他人眼中往往如神一般。其實原因不過是「我以真心照日月，天地無愧我真心」。

隨著年齡增長，我們發現頭腦的一些偽裝、伎倆，甚至是當時自己覺得很聰明的決定與評估，在歲月摧殘下都被證實只是跳梁小丑上場般顯擺一番旋即退場，就算一時讓人目眩神迷，也只是引發更多的空虛和後遺症。只有往內探索心靈，正視最真實的自己，生命才有真實起飛的可能。

真正的飛，你需要有心靈的翅膀。

祝福讀者們都可以在生命的天空中自在翱翔！

謝明杰

目錄

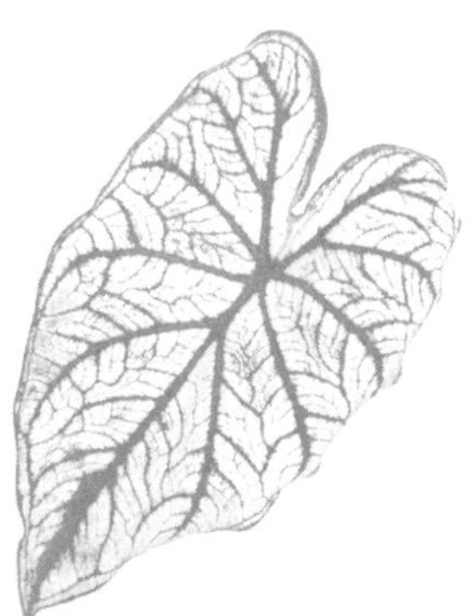

2 自我的真相

3 宇宙的奧祕

4 靈魂的覺醒

5 社會的進化

6 真愛的定義

〈自序〉話說從頭

二〇〇八年的春節過後，我決定從原職務離開，準備創辦自己的事業，正在一切準備就緒的同時，發生了兩件事情，改變了我往後的人生。

三月底，我的母親因工作而跌斷右手，必須要休養三個月；就在這前不久，我的妹妹離開了她原先在國外的工作回到台灣，也和父親一樣暫時待業。於是所有的收入中斷，而我的事業又剛起步，成果未現。全家處在極度缺錢的狀態。五月初我接到一通妹妹的來電，措辭強硬尖銳的質問我，為何沒去處理由她擔任保人的貸款，讓她現在要辦貸款時遇到阻礙，並限期三天要我解決。

那件貸款是四年前的事情，當時的我正在經營另一份生意，由於個人因素，入不敷出，面臨倒閉的危機。當時曾經請妹妹出面協助燃眉之急，儘管她百般不願意，畢竟還是顧念親情，為我當了保人，只是後來我仍然無力償還貸款，連累了她。實在不能怪她那通充滿情緒性的電話，換作我是她，我一樣會暴跳如雷。

就在她撥電話辱責我的當晚，我處在極度無力與百般無助的情況下，呆坐在電腦前面，用帶著質問與求救的口氣在電腦上鍵入我的禱告——這是我從前沒有使用過的禱告方式，至今我仍無法理解當時怎會有此念頭。

就在我鍵入第一個問題後，腦中出現一個聲音——並不是我們耳朵聽見的那種聲音，像是一種意念，飛快一閃而過，卻又清晰不已。我好奇地將它一字一句的打出來，很快發現那是回答！天啊！那是針對我提出問題的回答！我震驚不已，眼睛牢牢盯著螢幕不願離開。那「意念」清楚的告訴我：祂是神，就是我向來會對祂禱告、說話的那一位。

我做過無數次的禱告，而這一次，我的禱告竟然被神親自回應了。我非常確定那不是我自己的回答，因為那答案是如此的溫厚慈愛，充滿智慧與宏觀，遠遠超過我思想的範疇。既然有機會「看見」神的回應，那就算我徹夜不眠，也要「看看」神對我的問題要怎麼回答！就像很多人一樣，我有許多的人生問題待解……

十年前我曾經在書店買過一本名叫《與神對話》的書籍，對於書中所「自稱」的神有許多的好奇心，畢竟怎麼會有一個我們認識的神是那般的無私與恢弘，對人類完全不加以限制，甚至告訴我們沒有罪也沒有地獄。幾乎完全是一個人道主義的神，和我理智上在《聖經》認識的那位神完全不同。我儘管讀後內心充滿喜悅與平安，卻也因為那承諾好到不像是神說的話，反而有點像是魔鬼才會做出的承諾，而將書束之高閣。但神奇的是，儘管我只讀過一遍，對諸多內容已經淡忘，那一份神的包容和慈愛，以及神對自己的說明和對人類的建議，卻是深深地烙印在我內心，更加深了我對神的信仰。

後來我又開始教會的生活，才發現那本書和其他「新時代」相關系列的書籍，竟然都被基督教列為「異端」並攻擊排擠。我才開始重新思考信仰：「難道和自己不同的就是異端？」「難道神不能是人道主義的？」「神喜歡我們恐懼嗎？」「難道那和你不同的就不值得被神所愛嗎？」我不喜歡這樣的分裂意識和恐怖主義：尤其是以神之名。於是我漸漸脫離了教會。

離開了教會生活後，我依舊繼續「我自己的」信仰，繼續我的禱告——對那位有恢弘大愛也有幽默風趣，更懂得把你當朋友一般對待的那位神禱告。祂是一位會提供教誨也會給予鼓勵，但絕不會用恐懼恫嚇你的神。我信的神竟然不知不覺的和《與神對話》書中的那位神越來越接近，但我卻將那本書塵封了十年之久。

儘管我很愛我所信的這位神，也經常對祂禱告說話，但是坦白說，多年以來不但沒有任何回應，我的生活依舊是在邊緣中掙扎，財務處在恐怖的失衡裡。我變成卡奴，搬了四次家，越搬越窄小老舊，經常身無分文，做生意業績又爛，求職又老是碰壁，做勉強餬口的工作又被排擠……總之十年來事事不順！我簡直快要被生活逼瘋！

終於，我靈光乍現般發現了一個可以簡單開始的全新生意，卻又面臨到母親斷臂、妹妹逼債的困境，眼下又求助無門……我實在萬念俱灰！說老實話，當時我將身上僅有的三百元拿去買樂透彩，然後等著晚上開獎，並且已經準備好，要是沒中，我就去燒炭！反正親妹妹逼債逼成這樣，我就讓她後悔一輩子……現在想起來，當時的恨是那樣的強烈！要是我真的去燒炭了，我想也一定死不瞑目。畢竟我捫心自問並不是一個壞人，也並不是不努力，也許是我自己的方向不對或是觀念錯誤才導致失敗，但我才三十六歲，這麼年輕就判自己死刑，讓我很不甘心……

這令人震驚的對話突然出現，你可以想見我當時的吃驚跟害怕……原本打算燒炭的我，竟然跟主宰宇宙的神開始了一段「對話」，甚至，是一段友誼。我和《與神對話》的作者尼爾一樣，和造物主開始了一長串的對話。以我的年紀三十六歲而言，其實我的生活經驗相當有限。首先，我未婚，也沒有小孩，學歷也普通，倒是換過不少工作。正像許多年輕又平凡的男人那樣，在這個社會為了生活而奮鬥，我的內心對這樣的人生充滿了諸多疑惑卻又沒有解答。

就在我決定要放棄自我的剎那，神出現了！祂一步一步地讓我了解了金錢的祕密、生命的意義、宇宙的奧祕、創造的奇蹟……每一次「對話」告一段落，我就像用罄的電池一樣疲累，但是恢復精神後再次閱讀，卻又發現，其精闢的文字和語義是那樣的溫厚與慈愛，時而幽默，時而嚴厲。如此的精采睿智，斷不可能是我這個小腦袋瓜掰得出來的！因為若是我知道這些道理，就不必這些年吃這麼多苦頭，甚至要去鬧自殺……

我知道某些讀過《與神對話》的讀者可能會有似曾相識的感覺，並且將我這本對話和《與神對話》作類比，甚至會有某些人認為我擷取那書中部分的精義。面對這些可能會有的聲音，我沒有任何的辯解，因為我已經不再為這屬於我「個人的事實」去做任何的證明；但是證明卻是有的，就是我這一段時間以來，生活中所發生的諸多奇蹟，而這本對話便是紀錄，這便是書名的由來。若深深細讀，即會發現這兩本的內容差異頗多，但如何看待，仍憑讀者心中之見。不論讀者抱持何種態度，我都願意「接受」，而這也正是神所告訴我要學習的。

這份對話直到現在還在繼續。整個五月份，我的生活幾乎只有和祂的對話，當時的我身無分文亦無存款，深居簡出般的像個宅男，但是我的一切所需用度卻有如變魔術般一無所缺的出現。當我需要用錢，戶頭會莫名其妙多出五千塊；當我需要Ａ４紙，會有朋友「碰巧」來訪並「碰巧」帶來他多餘的紙張……若要硬說這些是巧合，那麼當一堆巧合適時的出現，簡直就是奇蹟！因為祂深知我的需求，甚至在我開口以前祂就已經應允。我明白正在閱讀的你或許不一定相信這是神的話，朋友對我說：「這份對話是祂給你的聖經！」是的！這是我的聖經！但不只是給我的，神告訴我，這本對話更是要給你的！祂深知有哪些人會閱讀到這些內容，祂也應允過要提供幫助。

雖然如此，你仍然可以不相信這是神說的話，因為我的懷疑曾經比你更深！而當懷疑與分析再也解釋不了那「奇蹟般的巧合」，我就臣服了！套用神回應我對祂的質疑，祂說：

「你真是一個小信的人！這是你自己的想像或是出自於神的話語重要嗎？這只是一本小說或是一本什麼別的書重要嗎？我根本不在乎你們怎麼看它（最好你也是）。你們有太多的人如此看重『神的話』卻在行為上悖離！現在，我倒寧可你們『看看』這份對話是否對你們的生活有用！我說過，你們汲汲營營於過去的事件，卻對當下視而不見！如果沒有這些對話的出現，你認為你能為自己的人生開創更高的意境嗎？你能讓自己活在完全的自由裡嗎？還更不要說解決你現在正陷入的困境……」

閱讀內容你將發現，其中的洞見，對我們許多共有的價值觀真是有徹底的顛覆性影響，值得我們深思；而其中對心靈、宇宙和愛的敘述，更是讓我們對真相豁然開朗，可以幫助我們在這紛擾的塵世中安靜下來，享受難得的片刻覺察。若將其應用在生活中，更會有創造性的影響。

謝謝我記錄下來，也謝謝你閱讀。在神之內，我們都是一體的！都有共同的苦、共同的痛、共同的愛和共同的目標。現在，何不放空你原先的價值觀，先不帶審判與論斷的閱讀一遍。如果，你真的在其中發現你要的真理，那麼請你一定要將之應用在你的生活中，活出光，活出愛，活出真、善、美！讀完這些對話後，做一個感恩的禱告。熱切相信你要的已經實現。相信我！神會回應你的！

謝明杰

0 今夜我看見神的聲音

記得那似乎是一個剛下過雨的傍晚，馬路地面還有些濕，我正在忙著繕打顧客的訂購單，窗外車水馬龍，老舊的隔音窗根本阻隔不了下班車潮的引擎聲。我看看錶，六點半，是該帶狗出去尿尿了。這時候手機響起，是妹妹打來的……這個妹妹過去在國外的航空公司當空姐，四月初才離職回國，正在待業，但是我跟她之間沒什麼情感上的聯繫，彼此也少有往來聞問，就連我到基隆——她和爸爸的住所，也只是客套的寒暄。

坦白說，我對於家人一直有著強烈的情感，不過這是我後來才發現的。有二十幾年的時間，我在心靈上是和他們切割的；不為別的，只是為錢……我們從小一直生活在缺錢裡，我之所以不選擇「貧困」這個詞，是因為我並不覺得貧窮，只是缺錢，有好多次，需要的支出必須要東挪西湊才能解決。爸爸年輕時是個船員，三十歲不到就下船創業，正好趕上台灣經濟起飛，開了工廠生產羽毛球頭，於是舉家遷往苗栗後龍，搬進紡織廠改裝的羽球製造廠，我在那裡讀小學三年級，妹妹當時還沒上學……

那時候小學生週三下午是不用上課的，就在那個週三，改寫了我往後的記憶。當天，我從學校步行回家，進入廠區大門時，見到母親從傳達室掩面哭泣跑出來。我望向傳達室，只見到總經理邪笑著走出來。由於爸爸去台北出差，儘管我當時只有十歲，基於直覺，我知道出事了！不管是什麼事，反正不會是好事！而且加害人一定是總經理，不然媽媽不會哭成那樣。我於是掄起球棒衝向總經理一陣亂打，無奈個子小，球棒被一把抓住，接著輪到我被追著滿廠區亂跑，打得滿頭包……當時心中只有護衛媽媽的念頭，別的根本沒多想。媽媽看見被打的我，不顧自己剛剛的委屈，跑來跟總經理求情……這一幕，即使是在過了二十六年後的今天，我依然歷歷在目……

滿腹的委屈只等爸爸回來伸張正義，於是總經理待在辦公室，我和媽媽待在樓上房間。好不容易爸爸的汽車終於回來了，卻見總經理和爸爸交頭接耳，接著我看見爸爸拿起掃帚向我衝來……後來的事情我不記得了，只知道我好幾天不能去上課，身上也多了一些傷口。從那一天開始，爸爸從原本我心目中的神變成厲鬼，從我的最愛，變成我的最恨……後來的成長歲月，我都刻意的和爸爸保持距離，連零用錢都是向媽媽拿，就算快餓死，也絕不向爸爸開口。

工廠倒閉了，原因是總經理拿著爸爸的印章和支票到處借錢，一堆債權人等著要爸爸還錢。那一天媽媽會哭著跑出來，就是因為總經理在傳達室向媽媽攤牌，媽媽在震驚錯愕中哭泣狂奔而出……挨打當晚，我躺在床上，看見爸爸神色凝重，坐在我書桌前若有所思，我轉頭假寐，心中的恨卻是直到最近才化解……

幾天後媽媽幫我到學校辦理轉學手續，因為要開始「跑路」了，我勢必不能留下來。於是我來不及向班上二十三個同學說再見，就離開了後龍。當晚全家拋棄所有家當，只帶必備用品上了小貨車，開始為期一年的跑路生涯，那一年我十歲……

爸爸後來找到事業小有所成的兒時好友，我們舉家在流浪整個台灣一圈後，終於確定要再回到我曾經熟悉的台北。爸爸的同學姓林，我都叫他林叔叔。林叔叔經營一家貿易公司，小有規模。當時景氣好，也不差爸爸多領一份薪水，便讓爸爸在公司內任職；至於是什麼職務，當時我所知道的，反正就是「通包」。那個時候我們住在爺爺的老屋，因為可以省下房租，我則就近讀小學。那是我讀的第四所小學……我的童年就結束在那個有著古色古香紅磚建築的小學裡。

小學畢業，我們搬到內湖，爸爸依舊在林叔叔的公司任職，但已經開始不安於室，打算再度創業，卻無奈資金有限而且點子不佳，多半的資金都變成換不了鈔票的原物料。這時候受台幣升值影響，林叔叔的貿易公司已經開始走下坡，但是依舊供應爸爸一份職務，而媽媽則去保險公司上班。講上班是好聽，其實是去灌業績，那個時候的保險業不像現在有制度，很多家庭主婦都是去兼差上班，然後被洗腦自己買保險，再去找人賣……一邊是媽媽的工作收入不穩，一邊是爸爸的職務隨時可能結束；我又只有十三歲，妹妹念小學二年級……我們就在這樣的情況下一直撐到我入伍，過程中，金錢的短絀可以想見。

爸爸最後離開了林叔叔，自己開了一個生產展示架的公司，聽說有向林叔叔借了一些錢，媽媽則在公司裡幫忙（其實是當家庭主婦）。爸爸擅長機械設計，生產的展示架可以間歇轉動；

坦白說，當時覺得那東西一定有市場，於是投入「大筆」僅有的資金，甚至還為此舉債……現在看來，才發現當時的做法有多蠢。當然啦！最後還是倒閉收場。中間這段過程，由於我已經進入青春期，和父親的關係已經不僅用緊張可以形容的，累積的怨恨猶如火山逐一爆發……極度叛逆的我，甚至有幾次和父親兵戎相見，差點鬧出人命。在這一段時間裡，爸爸多半是和妹妹比較有話聊，大概也因為女兒貼心吧！看在當時不成熟的我眼裡，認為他們根本是一掛的，於是對那小我五歲的妹妹也沒好氣。直到我入伍……

妹妹後來申請助學貸款考入大學，我則陷在與父親嚴重的抗爭裡早早去當兵。兩年很快過去，我面臨找工作的壓力。由於只有高職畢業，還是夜間部的，我知道除了從基層任勞任怨地開始以外，想要冒出頭，就剩下業務工作了。於是我不顧媽媽的眼淚，搬出那個我早想一把火燒掉的「家」……

直到現在，我已經退伍離家十三年了，我仍然沒有讓自己變得富有，或是有任何可供誇耀的成就。如果當時有任何讓我覺得自己了不起的地方，那就是我像個拚命三郎，而且很天真，只要告訴我該怎麼做，我就會拚老命地去完成。也因為這樣，業務單位特別喜歡我，偶爾我會踢到金子賺多一點錢，但大多時候都是一文不名的窮鬼。因為性子急又愛面子，總是認為錢財乃身外之物，出手大方，一點也不思考收入有限。業務做了幾年，老油條了起來，也想嚐嚐當老闆的滋味，於是很快地，我印好了執行長的名片，但不多久又很快的把它扔了，然後欠下一屁股債。

有好長一段時間，我認為我之所以會失敗，全來自我原生家庭對金錢的觀念，以及對我錯誤的教育所導致，我完全不知道那是典型的受害者心態。直到我開始承認是因為我自己的關係，直到我開始願意承擔一切……我的世界就變了，我進入內心，開始透過信仰尋求神，因為我想知道，究竟我這一生所為何來？活該吃那麼多苦頭？我想確確實實的找到答案，然後尋求解脫！就這樣，我誤打誤撞的開始了我尋找神的道路。

和多數人一樣，我一直以為，神可能用「走運」或「巧合」這類的方式帶來祂的協助讓禱告應驗，卻未曾想過神可能給我「直接式」的回應。現在我坐在這裡，回想著妹妹的那通「錢莊式逼債」電話，然後，過去二十五年點點滴滴的生活記憶像電影畫面般快轉……再想想這幾個月來發生的種種「奇蹟」，看看眼前我親自一字字記錄的「神」的話語，內心百感交集……卻是感動多過一切！因為我終於清楚的知道我是活在愛裡面的！

過去我經常想：究竟是什麼把我帶到這裡？又是什麼把我變成這樣？這是我要的人生嗎？很多時候我茫然了……然而這一次，我居然有了答案！而且是來自最高單位——神！

人生充滿了驚異，祂竟然是在我最無助的時候才出現……啊！人的盡頭就是神的開始，這話真是不錯的！或許，你也有相同的無助和困惑，那你來對了地方，因為我和你一樣，我們都在尋找答案、尋求真理。無助困惑沒有關係，因為在神凡事都能，在祂沒有難成的事！讓我們暫時拋開心中的預設，聽聽神怎麼說吧……

我一直都在這裡，從來沒有離開過。

1 金錢的祕密

時間：二〇〇八年五月一日晚上十點半。
地點：淡水河畔租來的舊公寓，電腦桌前。

✧放慢頻率，感受意念

傍晚接到妹妹來電，嚴厲辱責我的罪狀，並要求限期解決。無助的我有如行屍恍神般的將口袋的三百塊錢全部買了樂透，看能否有奇蹟出現。捱到十點上網對獎，發現一如往常的「槓龜」。終於在最後一絲希望破滅後，我打算了結自己，想在死前做個禱告，求神收留我的靈魂，臨時決定改變以往口語的禱告方式，用電腦輸入我的禱辭。於是我鍵入：「神！我是否真的很糟糕？是否真的如我的妹妹和父親所看我的一樣，評價如此的低……祢知道嗎？……」

就在我還想繼續抱怨的剎那間，有如時空靜止……腦袋空白，全身僵硬。空氣彷彿凝結般，隨後腦中立即出現有如回答般的「意念」。那意念清晰又明顯，然後，那聲音催促著我打出我「接收」到的意念：

你需要誰來判斷你的價值嗎？

看著打出來的文字，我呆住了！這肯定不是我！那這是誰呢？天啊！我一定是中邪了……這，真是太不可思議了，好奇心催促著我繼續下去……於是我回答祂：

不！在理智上我知道不需要，但在情感上，我……我必須承認我對於我的家庭關係很受挫，我試圖著要去努力，要去成就，要去扮演好讓家人引以為榮的角色，不過我做得很糟，其實是糟透了……

半秒後，腦袋出現如下的意念：

停止批判自己吧！如果你真的認為自己做了什麼「不好」的事情，請你只是把自責放下或是簡單的略過，**原諒你自己，然後再度的前進**！這樣你也給了其他人原諒自己的機會，而讓一切進化的循環得以繼續。

於是，在我還沒搞清楚確實發生什麼事的當下，我們的對話已經開始了，我只能飛快跟上！

我接著打上：

我的妹妹今天打了電話給我……我有了大麻煩。

我知道，我也知道她說了什麼。

我明白那是我的過去所造成的錯誤，卻形成我今天的羞辱。

我的孩子，沒有錯誤，羞辱也只是你發明的定義，一切都是你生命的演化，只是過程。

坦白說我很害怕……我害怕我解決不了。

承認害怕是好的開始，但終究會沒事的，孩子，沒有解決不了的事！

你是誰？為什麼可以這樣的告訴我這些事？

我是「我本是的」，正如你也是「你所是的」，你們有些人稱呼我為造物主，有些稱呼我為那偉大的存在，多數人都稱呼我是神。

祢是說……祢是神？《聖經》裡的耶和華？

在你們的《聖經》裡是這樣稱呼我的，但是我並沒有特定的名字，在多部歷史流傳的經典裡，我有過不同的稱呼。但正如我剛剛所說的，我是「我本是的」。你也可以稱我為神。

我的天！這是什麼情形？神居然親自跟我說話？

很奇怪嗎？你認為神只是人類想像的產物嗎？或是你認為神應該是啞巴？

喔不！絕不是！我是說，我算什麼，而祢竟然願意親自臨在和我對話。

其實我處處都在，無時不在！只是你們沒有注意到罷了！你今晚會注意到我，是因為你的無力感放慢了你的震動頻率，而可以感受到我的意念。要不是你的自我完全棄械投降，我還會等上一段時間。我的出現是因為你邀我此刻前來。

我邀祢？

是的！在某個你不記得的時間，我們共同做了這個約定，而我依約前來。

好吧！不管祢是誰，我想並不是每個人都會有這樣的機會，今晚真是令人震驚……

人人都有跟神直接溝通的機會，也有不少人天天這樣做，所不同的是，他們是否夠縮小自己到能聽見我的聲音。許多人願意開口禱告，卻不願意暫時拋下自我的假象或心智的偽裝，面對最內在的靈魂，也因此聽不到我。我是鑒察人心的神，透過心靈來溝通，現在你之所以感到「震驚」，只是因為你過去從未有過如此的深度覺察，如此的「無心」，事實上完美、喜悅和奇蹟本就是人應有的自然狀態，若非如此，一定是心出了問題……

我的心出了問題嗎？

不小的問題！

是怎樣的問題？

你從未真正的用過心，我指的不是專注，也不是沉思，在這部分你沒有問題。我說的是你沒有忘掉你的心，事實上你們的心都圍繞在這齣人生大戲裡打轉，若你不能無心，你便無法超越這齣人生的戲碼，因為之於你們，那不過只是幻象，而**你們最大的問題就是都把它當真了**！

是啊！挺真實的幻象！不是嗎？我是說，我知道我必須讀書，才能有好成績；我必須努力工作，才能餬口；我必須微笑並待人以禮，才能受人歡迎；我必須力爭上游，才能備受肯定，我還可以列出一長串的名單……

你所說的這些「必須」，都是你心中錯誤的假設，而這份假設卻又是來自他人的教育，當你毫不懷疑的接受了，於你，就成了「真相」。

你們以為「必須」要做些什麼才能「得到」什麼，而在我最初的設計裡，你們並不需要特別的做些什麼，因為一切你們所需要的，在你們開口以前我都已經為你們預備好了。你們只需要安住其中，直接在「在」、直接「是」那圓滿豐富即可。

對不起！這和我的實際經歷不是很符合，我聽過這些說法，但我眼見的世界並不是這樣運作，這個世界並非是可以不勞而獲的，祢知道，天下沒有白吃的午餐！

如果我現在告訴你，其實你根本無需「勞」就能「獲」，是否就能使你稍稍寬心？暫時放下你累積已久的壓力？

我想可以，但是只是暫時，我清楚最後仍然「必須」去面對我的問題。

你是否認為解決你的問題對我而言太難？

在神沒有難成的事，只是我並不認為我夠資格獲得神親自眷顧。

那現在發生的事情你怎麼解釋呢？

也許……這只是我的想像，一種心理學上的人格分裂，在絕望中我另一部分的自己神格化了，並且出現和我自己說話……

是這樣沒錯！但若是神不同意你這樣做，你能這樣做嗎？

我想是不能……

你想你想！你們何時才能學會忘記你的頭腦？你們的腦袋不過是一堆脂肪細胞，一個生化的翻譯器。真正的你不只是腦袋，卻要比那宏偉得多，你們一直用腦袋在思考神可能的作為，就連你的這個回答也是經過腦袋過濾的答案！這就是許多人終其一生無法經歷神的原因！

✧因為，你值得

……好吧！若祢真的是神，那我……我就會不知道怎樣面對祢……因為祢一定知道我這一生到目前為止犯下了多少錯，做了多少荒唐事……如果神要顯現，應該是要顯現給那些有著聖人般言行的人……不會是我才對……

你認為我在你身上的愛比對聖人的愛要少嗎？你認為你不值得我的愛嗎？或是你認為我只偏愛某些人？

不！我知道祢的愛是廣大無私的。

這只是你聽來的，但你從未曾經歷和體驗，然而我要告訴你，我現在正親臨到你，你正在經歷一個你今生前所未有的奇蹟！因為你是值得的！不論你曾做過多少荒唐事！

這句話讓我很感動……也很愧疚。

不需要愧疚，你們通通都是值得的，每一個都是我用愛所創造和呵護的，但是很可惜的是你們並沒有發現。就像一切是理所當然的一般……我要告訴你的是：我對你的愛並不比聖人少，我對你們所稱的惡人的愛也不會少於你，**只有自認為不配得到神的愛的人才會遠離這份愛**。向來都是人遠離神，遠離光……而我卻一直都在這裡！

那怎麼會呢？我是說，如果我們一開始就知道有一個愛我們的神，願意用無盡的包容來看顧我們的神，我們怎麼會願意遠離祂呢？

這說來話長。為了某些特殊的目的，你們的許多歷史經典和神話故事都把我扭曲了，導致神在大多數人的心中只是一個概念，一個未曾被經歷的概念。

雖然他們稱我為「又真又活」的神，但仍有一大部分的人經歷不到我；並非我不願意，我千百年來未曾停止的和你們接觸溝通，我也派遣許多的先知企圖要帶給你們一些新的洞見和跳躍性的成長，但是影響卻仍然有限，多數的人還是在這看似真實的幻象中痛苦的活著。

要是他們肯將自我放下，用心靈的角度去感知周遭，就可以發現，我從來沒有離開過。儘管許多人透過許多方法扭曲了神的本質，但是我這一份對你們的愛，並不因為幾千年來少數人對我的誤解和批判而減少，我仍然垂聽每一個禱告，並且作出回應。

每一個禱告都回應嗎？祢知道每次當我需要平安時，禱告總是讓我感到安慰，但只要想到我的家人，我必須說，他們令我痛苦……而或許，我也令他們痛苦吧……

我今晚就是來幫助你的。你總是在有需要時才會找我，就像你對你家人做的一樣。你的痛苦不過是：你認為他們無法像我一樣的包容你，並進一步提供你所必須的幫助。我要問你的是，你是否夠成熟？夠成熟到不會依賴？你是否應該使自己成為能被倚靠的人而非他人的負擔？

我不想成為他人的負擔！

我知道你不想，我也知道你一路跌跌撞撞學習著要靠你自己，但是結果至今仍舊沒有讓家人滿意是嗎？

我不只沒讓家人滿意，甚至連對自己都交代不過去，這也是我今晚想要了結自己的原因。

你認為你若做了這件事，你就可以對自己和家人交代了嗎？

當然不行！我知道他們會更痛苦，但是我對自己這些年來吃的苦已經受夠了，我不想再繼續。我也認為我繼續活下去只會為他們帶來更多痛苦，與其這樣，還不如結束我自己。

你真的想這麼做？你這麼做除了滿足了自私的愧疚感之外，我看不出來還能有什麼別的意義！

我不該愧疚嗎？瞧瞧現在的結果，我已經走頭無路了，卻仍要為過去的錯誤背負責任……

我能懂你現在的感受，你一方面對自己的努力感到挫敗，另一方面又對不起家人的深深期待。但是我仍然要告訴你，你可以繼續你的人生，不應該放棄，因為若你能從我的角度看看你自己，你就會歡慶自己是多麼的幸運。

幸運？我的確看不出來！我負債累累，我的冰箱是空的，戶頭也是，而買樂透連小獎都很少中……

但起碼你還有一個住的地方，愛你的小狗和家人，你也有一些還算不錯的朋友不是嗎？

好吧！我的確不算是一無所有，但那也不能稱之為幸運，那些很多是本來就有的……

儘管你的確是有那一份「努力」的心，但是當你將周遭的一切存在和發生視為理所當然，你就不能開始運用那份努力去產出些什麼，甚至會消滅你努力的意願。因為連「被幫助」對你而言都是那麼的理所當然，於是當你遇見困難時便會不假思索的求助，你也往往得到了幫助。而當這樣的次數一多，你便「習慣了」這份理所當然的幫助，最後就是讓你的能力繼續被隱藏，你更加繼續依賴。而一個依賴者最常表現的就是受害者的任性態度，看不見自己擁有的，卻對自己所沒有的怪罪他人。若要我說，這只是一種極為不成熟的人才會有的不成熟的行為模式。

是的！我認為祢責備得很有道理，我的確是那樣的，但事實已經造成，讓我自責和內疚的正是這些原因。我痛苦於我這些年來是這樣的不成熟。

不需要自責，當你快速穿越，這一切也將會結束，我說過這只是你眾多歷程裡的一部分，穿越之後你將會有判若兩人般的成熟度。因為這類事件對你而言並不是太常有，對你可是個震撼教育。

在成熟度上，我的確有很多要修正的，但最近幾年我開始注意到，很多以前的決定和想法是不正確的，很多事情是不該發生的，我發現我的價值觀正隨著年紀在改變，當我意識到這點時，我可以說我是正在進步當中的嗎？

是的！這是一種明顯的進步！但也不代表過去就是錯的，因為**沒有什麼決定是不正確或不應該的，只有於你是否合用的決定，那個決定是否能幫助你創造當下你要的那個「自己」**。不正確是個相對的說法，對應著正確。而除非不正確存在，否則不可能存在正確，因此不正確是正確的！也就是說，他恰如其分的在那裡反應了他自己，所謂的決定也不過是個選擇性的問題，你的選擇與否，決定於你想要創造自己成為誰。這一點你明白的，我只是提醒你而已。

謝謝祢，但祢知道，當祢處在這世界一久，有時候難免忘記這些。

你的確遺忘很久了，多年來我曾透過書本或電影等許多方法，給了你關於我的信息，請你永遠永遠不要忘記你和我有個連結，一個友誼。我隨時都在等候你的召喚，等候著要給予溫暖和支持，因為我是神，一切的起源和一切的愛！你有很多年和我失去聯繫，我其實一直在注意你，我知道你過得並不好。

祢一直在注意我？

是的！我注意每一個人、每一個細節，我曾經用了許多的方式提醒你我的存在，你卻視而不見，充耳不聞。

那怎麼可能？我怎麼可能忽略神？

你就是忽略了！特別是在你捲入工作和思考時，**當你專注在你的頭腦和瑣事裡，就看不見我**！坦白說，那些事情都沒有「和我有個聯繫」來得重要。如果你願意傾聽，或將注意力轉向我，你就會發現我可以縮短你那創造的歷程，而你也就不需要經歷現在你所謂的痛苦了。你的現在，就是你過去的展現，你過去如何選擇，現在就如何經歷。而你現在仍然要做和過去一樣的選擇嗎？如果可以的話，行行好！善待自己！縮短那歷程吧！看人受苦並不是神的初衷！

✧信任金錢

我的確是活得很痛苦！我相信祢知道為什麼的！

你是否覺得如果你很有錢，就能獲得家人的尊重和重新的肯定？

我覺得自己有點庸俗！但那似乎就是解決的辦法。祢知道，我並不是那麼看重金錢，但它對生活又那麼的重要，我真的必須承認，我在錢上有了大麻煩，若是真的有了一大筆錢，我想我會好過得多。我不是指可以奢華過日子，我是說，起碼我不用再為錢失去尊嚴和安全感，或甚至必要的話，我還可以幫助需要的人。

好，讓我們來談談金錢，這是你目前最重要的問題之一。你說你需要金錢但其實並不看重它是嗎？首先，我的孩子，在這個世界上，除了你和我之間的關係，沒有什麼是值得看重的！但不要誤解我的意思，我並非說錢是不重要的，毋寧說，錢是你們人類創造出來對生活所需要的。既然你沒有辦法不需要，而卻又說你並不看重金錢，這樣就已經把自己放在無可避免的失敗上了。

金錢是人類在相對世界裡所信任和交換的媒介（因為你們不信任彼此，所以創造一個可以共同信任的金錢），但是你對它卻有個矛盾的看法，也就是，你既希望它帶給你安全感以及可換得的一切尊重、物品和服務，卻又是如此的不信任它。

我並沒有不信任金錢！

那你為什麼總是一有錢就會一直想花掉它？你一直想推開金錢，甚至當你真的有了一些錢，你也是左進右出，你能說那不是你的實情？

我想……是的……

看看你的抽屜吧！現在還剩多少？在你得到上一筆收入後？

ㄜ……

要知道，你願意信任金錢所帶給你的一切，卻又一直花掉錢去換得那一切，其實就是在推開金錢。你正在向宇宙宣告你不要錢，而是欠缺錢後面所可以換得的物品。也因此你得不到你想要的錢，也會缺乏那錢可以換得的。

祢是說我不該花掉我的錢？即使那是一項必須的開銷？我必須要有錢「換得」生活呀！

我說的是所有的錢！孩子！你不該花掉你所有的錢!!是有所謂必須的開銷，但端視你如何定義，如果我是你就不會定義一支超過一萬元的筆為「必須的開銷」，或是任何為了「短暫的刺激」為必須的開銷。

那支筆已經是五年前的事情了！而且我已經很久沒有為了「短暫的刺激」而花錢。

我知道那已經是好幾年前的事情，但是我不認為現在的你沒有為了「短暫的刺激」而花錢。

祢認為那是什麼？

你抽煙，甚至現在就在你旁邊點著。我必須說：我並不喜歡看見你們做花錢又傷身的事，你知道，你們的身體不是設計來吸煙的。

是啊！我最近抽太多煙，瘦了好多。

以你這種抽煙的速度，可以確定你很不珍惜、很不愛你自己！我會建議你，若不打算戒煙最好多買份保險，這應該是你抽煙所唯一可以為家人帶來的好處。我曾說過，你的現在是由過去的你所造成的。你自己很清楚過去對金錢的態度！你現在對金錢的態度要比以前好得多了，但我們在此談的是造成你目前困境的主因。

讓我繼續剛剛沒有說完的，一個任意花掉錢的行為，其實也就是表現出你並不信任金錢的行為，因為你會永遠想保有你信任的，不論是什麼。對金錢的態度也是。左進右出的行為可以追溯到你的「發起思維」，也就是：你恨錢，你討厭錢，你惡待金錢，就像你惡待身體一樣的不愛自己！

罵得真兇……好吧！我的確是在抽煙上過了頭，但是我怎麼可能恨錢、討厭錢？天曉得我是如此的需要它！

你並非有意識的這麼認為，那是已經深植你潛意識的想法。你從很小以來就一直為金錢受苦，也看著家人為之受苦，家人談論最多的話題也是關於金錢之不足。你曾為金錢遭人白眼或挨長輩的打，為了金錢你甚至被迫降低自尊、低聲下氣。你內心深處怎麼可能認為金錢是好的？於是就在你深層的潛意識種下了你恨錢的「發起思維」！這是你和錢第一個分開的原因。

你之所以還會一再的要求得到金錢，是因為你在生活中是那麼的需要它，你非得要有錢以便過活！而這個「想要錢」的念頭又把你和金錢的距離拉得更遠了。因為「想要」就是對宇宙表示缺乏的宣告，宇宙便會回應給你缺乏……雖然這是你早已經知道的概念，然而你並沒有去深思你心中關於金錢的起始思維，甚至連愛你的人對你的提醒，你也充耳不聞，你更從不曾像現在這般的和我對話。我必須說，若是沒有你妹妹的那通電話，你根本不會全然的放下自我的武裝，和我有個安靜的溝通——像現在這樣的對話。所以，**任何事的發生都是有其目的的，那個目的是為了要幫助你。**

我知道……我懂，謝謝祢，我是說，現在我才說懂，也許祢認為我在敷衍，但我現在真的是懂了！

你無法敷衍神！我注意到接下來若是沒有我的幫助，你也許無法再創造和進化，因此我讓你的妹妹發現到，因為你，而影響了她的信用狀態。

祢……

是的……是的！是我創造了這個事件，以便讓你可以跟我有個聯繫。我知道你非得來找我，因為我們終究是一體的，而我也在等你，畢竟我們有個約定。

約定？

嗯……對你來講，那是很久以前的事情了，慢慢地我會讓你明白的。讓我們再回到金錢的主題上。

好吧！我承認我的確是沒有針對金錢做過徹底的深思，我也後悔造成他人的不便，但這是造成我努力之餘仍然匱乏的主因嗎？

我不認為你夠努力。任何事情皆是由心發出，你如果連「用心在思考金錢」這碼子事上都略過，你又認為你利用身體和有限的時間在「現實世界」的努力可以有多少回報？思、言、行三階段的創造過程你是知道的，但是你沒去選擇它，你甚至連開始這圓圈的意願都沒有，而你所謂的努力只會是空中樓閣。

要知道，**宇宙是從不匱乏的，所有的一切都是可以滿足每一個人而有餘**；若是有人在生命中經歷匱乏，若不是他最早所選定的，就是他還有一些未明白的部分。由你的成績看來，有關金錢的功課，你還有很多未做完的。

我從小就為金錢吃盡苦頭，在記憶中關於金錢的事情，都是和痛苦連結的，因此我不願意去想，我真的不願意……但是我願意努力！我一直以為，任何努力都不會白費，凡努力的必歡呼收割，但是看看我現在的結果……我負債累累，還不是只有我自己背債，我甚至讓我的家人也為我背債。搞得他們現在對我已經不能用「不諒解」三個字形容了，我幾乎覺得他們要和我斷絕關係了！

聽起來你似乎快崩潰了！你似乎需要發洩一下情緒是嗎？

祢說我努力不夠，難道一天工作十二小時不夠努力？難道任勞任怨、汗流浹背不算努力？我這樣的認真辛苦，非但不能清償我過去的錯誤，還正在越陷越深！這是我該得的嗎？祢眼看著我這樣的辛勤工作卻依然捉襟見肘，更不要說有令人滿意的生活品質！祢身為神卻像個旁觀者似的無關痛癢，現在還告訴我什麼我沒用心在金錢上！我以為我的努力祢會看得到，會給我起碼的報償！現在倒好，我甚至沒辦法取得祢的認同！一切都白費了！

老天！你還真是憤怒不是嗎？我懂你說的，我也感受到你的痛苦！我知道你曾極度疲倦到上班時在廁所睡著，我知道你已盡責的扮演好你工作的角色，甚至不惜代價！我知道你對工作的付出無怨無悔，我更知道你盼望著出人頭地和成功致富。是的！孩子！任何努力都不會白費，不論你選擇的是什麼工作，你都是在對宇宙做了一個「功」，但是你的「起始思維」卻決定這個「功」何時產生效益。

有人說這是人生方向的問題，若是走錯了人生方向，將無可避免地會遭受一些痛苦。也許是我走錯人生方向了！

人生方向也是你可以選擇的不是嗎？但是在宇宙中是沒有「錯誤的方向」這回事的，任何一個點都可以是起點，也可以是終點。你們曾有一句廣告詞說「世界以我為中心」不是嗎？是的！世界是可以以你們為中心的。除了你不知道那一點外。

✧善用你的自由意志

謝謝祢告訴我這些。我討厭自己用質問的方式問神，但是祢是否可以就乾脆明確的告訴我，我——該——怎——麼——做！才能脫離這看起來像是無止境般折磨人的生活？我說的不是那種形而上的虛無飄渺，或該死的空靈虛幻，我說的是扎扎實實的人生！

你一定要一個明明白白的答案嗎？

是！我想，透過祢，我應該可以直接找到通往富足的標準答案，那會簡單得多！

如果你是要一個簡單的人生，那你就是不要你的人生！**生命從來不是簡單的，但卻可以是容易的！**

怎麼個容易法？

就是：**相信人生是容易的，它就會容易！**

很抱歉！我不相信，我的一切經歷都在否認祢說的這句話！

你永遠會得到你所相信的！即便過去或當下所發生的事實和你所相信的不一樣，你仍然可以選擇繼續相信，而最後你將會得到你所相信的結果。

我們稱這種人為精神分裂症……

嗯……那些相信自己的人都瘋了，而不相信自己的人則是正常的。我明白你的意思！

不！我是說，一個正常人相信自己的信念，卻發現結果總是和所相信的不一樣，一開始他會去思索著，如何讓事情產生符合信念的結果；但若是努力依然沒有用，他最後必定會改變自己所相信的信念。

你所說的是人的正常反應，但卻不一定是事實的真相。因為**若是信念依附在「事件的結果上」，那就不是信念**。你所得到的結果若非你所相信的，需要第一個檢視的往往是信念，其次才是事件的結果。

你永遠要問：這是我相信的嗎？這是我要的嗎？而**真正的信念是堅定不移的，是不需要理由的**。**你們所構築的世界卻是一個需要「理由」的世界。最值得相信的理由就是「眼見為憑」**。在第一架飛機發明以前，人類只能透過神話故事幻想飛行——除了透過氣球。而在沒有任何動力飛行的先例下，有一對兄弟抱持著堅定不移，毫無理由的相信與狂熱，終於發明了飛機將人類送上青天。你認為過程中他們沒有發生那「和信念不合」的失敗結果嗎？若他們將那失敗多次的事實變成一種信念，那他們還會發明飛機嗎？

不能，但那是因為，他們「失敗的結果」是可以改善和進步的！而有很多事件的結果是無法改變的。

我同意以你們的思想而言，會認為很多結果是無法改變的。其實若你用我的角度思考，就會發現，**任何結果都是可以被改變的，因為在終極結果來到之前，所有的結果都還不是結果**。但我們在此談的是「信念」的價值與重要性，你為什麼不專注在你可以改善和進步的地方呢？專注那些目前無法改變的既定事實，並以此為信念，真的會令你們更進步嗎？這世界和宇宙是不斷在改變當中的。

你們永遠要記得，「結果」之於你們，並非就是那「最終的發生」；**你們的信念永遠可以控制結果的出現**，即便你認為，最終結果多麼的不可思議或是要用很久的時間。

但人死不能復生就是無法改變的結果對吧?!

不一定！世人都這樣想，已經形成一種集體意識，而人們又將此集體意識納為自己的真實，然後相信，事實上有不少的人曾經死而復生。

祢說的是耶穌嗎？

祂不是唯一復生的人，你們每一個人都曾經復生過，只是換了樣子，但是你們都不記得了。耶穌和你們不同的是，他是有意識的選擇用相同的形象再回來這世界。

我們都活過不只一次？

是的！不只！甚至連你都曾經用相同的肉體復活了不只一次。

我？

是的！你自己應該記得，到目前為止你曾經有過的幾次重大意外和疾病，每一次都幾乎使你的身體失去生命的動力。但你卻還在。嚴格來說，這都是你用相同的肉體再度復活。

聽起來我像是韌性十足，但是現在的我卻越來越失去生存的動力，祢知道我有多麼疲憊再去面對「生存」這碼子事！對我而言，活下去是一件充滿艱辛和挑戰的路程，而我似乎沒有能力讓它輕省些。

孩子！我明白你如梗在喉的痛苦，我也知道你的疲憊不是沒有原因的，我現在正在和你一起解決問題！你的人生看似辛苦，卻也蘊藏著絕佳的機會。我想有我的幫助，你會開始注意到。你最大的機會就是開始體認到「你有機會」的這個事實。

聽祢這麼說，我稍感安慰。但是那麼多年來，祢像是個旁觀者似的，不要說我，我相信對許多人來說，也會有這樣的感覺。然後祢像現在這樣突然出現，說這些道理雖然很讓我感動，但我仍然會有所懷疑……或許這一切都不是真的……或許……只是我的想像？

是不是你的想像？今晚以前你只是個歷經滄桑的平凡人，你認為你可以憑空想像出這些你以往所不明白的論述？我實實在在告訴你，對於一件事，若是你不明白，你甚至無法去想像！更別說把它寫出來。何況這對話並不是你預期中要做的事，今晚這一切的發生都令你措手不及！

的確是有點措手不及……祢來得太突然……但祢早該來了！不知道現在會不會為時已晚？

不晚不晚！**我並沒有「突然」出現，事實上我一直都在，只是你沉浸在你的人生大戲沒留心到我。**你剛剛說我像個旁觀者似的，那是因為我無法不是旁觀者，我是神！**我創造了世界和人類，好讓你們也能創造你們要的，以便使你們發現並永遠有機會宣告自己是誰；透過你們，**

而使我可以實際的經驗到真實的生命。

你永遠不會在做出「不正確」的決定時見到神跳出來告訴你說「孩子你做錯了」！因為並沒有「不正確」這回事，只有事情的結果和你對它的解釋。**所有的一切都是由你創造，由你去選擇和宣告你自己是誰。**我只是創造與觀察，並不加以審判，不像你們所認為的：我會對這個說「對」，對那個說「錯」，對這個說「好」，對那個說「不好」。

我永遠提供機會給你們去創造，並且在你呼求我時，隨時準備好提供協助；但是若你沒有呼求我，而繼續用你們的心智企圖掌握一切，我又怎麼能攔阻你繼續創造你的實相呢？既然我給了你自由意志，而那正是你所要的！

我沒有要那個！我沒有要負債！我沒有要被人看輕！我沒有要生活品質低落！我——沒——有！

在你宣稱「我沒有」的同時，你已經向宇宙宣告了它（我沒有）！你現在看出那個癥結了嗎？你現在知道你是怎麼樣創造你沒錢的經驗了嗎？你先在「思想」的部分恨錢，然後透過「言語」否認錢，最後又在「行為」上花光你的錢……那就不要奇怪為何你口袋會沒有錢！

事實上，世界上的錢是夠的，比「足夠」還要多得多，錢被花掉也沒有什麼不好。重點是，不論你花錢時用在何處，你的「起始思維」是什麼？花錢真的有令你感到喜悅嗎？還是只是「解決一件煩心的事」？你在花錢時心中感恩嗎？心中有愛嗎？還是只是覺得這是「應該的」？賺錢的心態也是一樣，不論金額多寡，**當你賺到錢時「真心喜悅」嗎？看到帳戶數字增加時你「感恩」嗎？感覺到周遭的「愛」嗎？還是只是覺得「應該的」**？我猜都不用猜就會知道答案！你們島上有一大半的年輕人在沒錢時為錢所苦，甚至到處借錢，錢一到手卻又花得精光，全都毫不尊重的對待了錢這個神！

原來錢是個神？我到現在才知道。

是的！那並不奇怪，我早已說過，我即是萬物，萬物中都有我在其中！難道你認為在你們所創造出來的事物中，我並不在其內？錢是神，是個流動的神，從這裡流到那裡，從你的口袋流到他的口袋，從台灣流到大陸。

你難道不覺得奇怪，為什麼有些人看起來似乎就是走運，錢總是追著他跑，有些人則需要苦苦追著錢跑。**那些被錢追著跑的人就是願意把錢當神看的人，他們知道要尊重金錢，有如尊重神明一樣；他們知道要怎麼做，才可以讓錢不費力的自動上門，他們更知道要如何的節流開支；而那些不這麼做或是不相信這點的人，則過得辛苦得多。**

✧感恩是一種能量

我明白了！所以只因為我們沒有把錢當神看，所以祢就讓我們貧窮，是這樣嗎？

不是！我並沒有意圖要你們貧窮，即便你們沒有把錢當神看。很多人甚至也不把神當神看，但我一點也不在乎。因為我是那無法被傷害和詆毀的，任何咒詛我都可以包容！因為我就是愛！如你過去所知道的一樣，並且我也將繼續去愛！我要你們富有，我也給了你們有如豐富的海洋般的所需資源，那是我親手所造的，如同我也給了你們創造力一般。但是你們對待資源的態度就和你們對待金錢的態度是一樣的荒謬。

你們濫墾山林，只為了種植所謂高經濟價值的檳榔，卻完全不顧可能發生的土石崩塌。你們抽取大量的地下水只為了養殖所謂高經濟漁業，而不顧地層每年下陷。為了興建更多建築物以滿足建商的胃口，你們開採砂石卻又任意傾倒廢土。你們所做的，都不是對這個曾被稱之為美麗之島有益的事，還毋寧說只是對你們自己口袋有益的事；但是你們的眼光是如此自私和短淺，只看見眼下的利益，卻看不見日漸衰竭的資源和環境的傷害！你們如此的惡待她卻又希望她還給你們「經濟奇蹟」？你作夢！我從你們對待環境資源的態度就可以知道，你們對待金錢的態度也是一樣的目光短淺！

我以為今晚祢的出現是為了解決有關我金錢的事，我不知道祢其實想討論環保話題。

在這個相對領域裡，我的孩子，一切都是環環相扣的！在你們的意識裡，對待事物，尤其是牽涉到金錢和利益時，往往都是不太有差異。對大多數人而言，儘管可以假裝不在乎利益，但利益的決定卻永遠凌駕一切的決定！我問你：如果你是建商，你會在乎傾倒廢土？如果你是檳榔大盤商，你會重視水土保持？如果你是養殖業者，你真的介意地層每年「下陷六公分」？你們關注的是利潤！利潤！永無止境的利潤！你們的貪婪甚至不惜破壞這讓你們產生利潤的母親島嶼，更別說要對她感恩了！這就像殺雞取卵一樣的愚蠢！

而關於金錢，我要問的是，如果你有「賺錢的能力」，那麼當你得到報酬時，你真的心存感激？你不知道是誰使你有「賺錢的能力」嗎？你感激父母的養育嗎？你感激老師的指導嗎？你感激客戶的貢獻嗎？你感激老闆的聘用嗎？又或者，你感激神的愛嗎？我敢打賭，少之又少！應該說，能不抱怨就已經很不錯了！

這點……我想祢是對的。

在缺乏感恩下，你就切斷了金錢所來之處，因為感恩是一種不可思議的能量頻率，可以源源不絕供應你們的需求，甚至無中生有的為你們創造出新的資源，但若心中缺乏感恩，花錢又寅食卯糧……

則晚景淒涼！

是的！接得好！你記憶力不錯！

✧改變自責和補償的心態

我曾聽過某個歌手這樣說，覺得很棒就記住了。

那是我讓你記住的！你的靈魂始終跟我有著聯繫，因為我們是一體的！不過在你的生活中，你似乎多半聽從你的心智小我而忽略你靈魂的呼喊。在你覺得這句話很棒的同時，你並沒有深思其中的含意，只是在意識上知道卻沒有反映在行為上；即使你已經淒涼很長一段時間，每當有錢到手，你仍然是左進右出。難道你非要見到棺材才掉淚？

有人說這是一種補償心態，有點像減肥的人在節食五天後大吃一頓，做為「撐過五天」的補償，結果就是讓他前功盡棄。

是的！這樣的比喻很接近。可以想像，這個減肥的人無法瘦下來，而用這種心態對錢的人也無法有餘，更不用談到富有。補償心態是一種病態，它是對宇宙的一種更甚於「缺」與「不足」的指控，像是宇宙欠他似的，用的卻是一種粗暴的態度去表示，也因此那人也會經歷到宇宙粗暴的回應！更肥！更窮！

更慘！

是的！更慘！你儘管可以指控宇宙，但你無法挫折宇宙的意志！宇宙能有的只是與之回應的功能，亦即你會感到目的的受挫。即便萬般努力達成目的了，你也會經歷到身、心、靈嚴重的壓力和痛苦，以及長時間的折磨。**所謂的地獄，就是被誤用了的心智。**

但祢卻曾說祢不要我們痛苦，祢可以解釋嗎？我的意思是，和我一樣，有那麼多的人不知道宇宙的「作業模式」，他們自然而然的會有「補償心態」，並且視這是自愛或愛人的一種表現；畢竟，一個出身微寒卻苦讀出頭的小孩，擠進社會層峰之後，很難不去為他成長過程中失去的做些補償。我在這裡只是舉出一個例子，祢知道，我們的總統是三級貧戶出身的，祢看看他在任內發生過多少貪腐的事件。

嗯……你倒是舉了個很具爭議性的例子！所有關於你們總統的事情我都知道，坦白說我不願意在這裡論斷他，因為即便有審判也是死後的事（事實上任何人死後都不會受審判的）。但我仍要說，你還真是挑對了對象。

他其實是一個很不錯的人，但是他的確有很深的補償心態，因為他「自覺」對太太和兒女虧欠，對幕僚虧欠，因此，許多事情他都有意識的迴避，甚至採取有點放任的態度，直到他們真的捅了婁子。但他仍然尊重那些「麻煩製造者」，而即使是這種過度的尊重，也是一種補償的心態——卻是用你們的錢去補償！最後，他因為不想虧欠家人和幕僚，卻終究虧欠了百姓也虧欠了自己。既然是他要承擔後果的話。

祢果然有很深的觀察。

你注意到了嗎？**一個有補償心態的人，只會得到更多、更大需要去補償的事情**。我設定的宇宙定律就是如此，任何企圖補償自己或是補償他人的心態，都是不健康的，而且會為自己帶來不可避免的痛苦！

那麼，難道我們真的出於無心的錯誤而造成他人的傷害，我們也不該彌補嗎？

沒有什麼該或不該，只有選擇自己是什麼和宣告自己是什麼。補償心態其實是一種向宇宙宣告「虧欠」的意念！而宇宙既不匱乏亦從不虧欠。有這麼一個人不論他是誰，竟然有辦法用補償心態折磨自己的靈魂到令宇宙覺得虧欠他的地步，宇宙便會還給他一個痛苦的情境或事件。

我再說明一次：**一個人不論有無意識地選擇了「虧欠自己」或是「虧欠他人」的想法（匱乏的想法亦同），就無法避免的會經歷到宇宙回饋痛苦給他**，以「補償」他的虧欠；所以補償心態其實是一種自虐的行為。

我看得出來，你們有許多宗教人士用肉體式的自虐名之為「贖罪」；更多的人則是選擇精神式的自虐：那種在內心深處有著「我對某人感到愧疚自責」的念頭。而另一些總是抱著「某人虧欠我」的想法的人，則把他自己推向了地獄！你們有所謂「受害者心態」的說法，指的多半是這樣的人：怪東怪西就是不會怪自己，既不承認自己是因，又不接受所產生的果！於是自己的愚昧也變成了他人的壓力，難怪你們島上精神壓力指數正在節節高升。

感覺好像又被祢罵到了……祢所說的這一切我都認同，而且已經確實反映在我們社會的每一個角落：我們的生活壓力大到許多人去自殺，自殺甚至擠進十大死亡原因。祢真的認為，可以透過改變自責和補償心態來改善這些狀態嗎？

我並沒有說「改變自責和補償心態」能改善什麼，我只是說明它們會帶來的影響。並且如果你不喜歡這個影響，只要簡單的放下這個心態即可，這並不會太費力。

關於自殺，我要說的是，我並不是設計生命來讓他自我毀滅的，儘管他有自由意志可以做這樣的選擇，但那依舊不是我的初衷。多半的自殺都和錢有關（這年頭殉情的人少了），與其說因為缺錢而自殺，不如說是因為對「虧欠」的擔憂和恐懼而自殺。缺錢只是果，而擔憂與恐懼是因，你們都倒因為果了。

而擔憂、恐懼又都和自責與補償心態相連，要根本的解決這個問題只有從心做起，也就是——無懼！**恐懼是愛的反面，信心是愛的展現。**要終止這個負面的循環，只要拿掉恐懼改以愛來替代就行了。**當你要自殺時，問問自己，這是愛嗎？我相信你會有答案的。順著你的答案，你就會開始創造出全新的實相。**

✧金錢與驕傲

多謝多謝！但是對一個要在限定時間內籌到一筆錢的人而言，祢這建議似乎有點緩不濟急。

時間並不存在，它只是一種概念化了的幻象，被相對世界的人們用集體意識製造出來的幻象，其實只有一個時間，就是當下！你很快會體驗到這個事實，我會另外找機會對你說明，儘管這一類的書籍已經多如牛毛。

好吧！在你的架構裡，我們假設時間是存在的，那麼緩不濟急就是個事實，然而事情終究是會發生或是被解決的，端看你的態度如何。當你帶著真誠的愛與懇切去求助，則多半你會得到幫助；不論那幫助可能是什麼，也不論你是否有得到那筆錢，你都該用感恩的心境面對。真誠的溝通，訴說你的誠心和善意，沒有一件事情是需要透過自殺和暴力來解決的。**你永遠要問：「現在愛會怎麼做？」**而我也早已為你們預備了答案。

即使是被人使出暴力手段逼債時？

是的！尤其是在遇到暴力手段時，你也不該做出和愛相反的選擇，因為你知道，不論對方做了什麼，你的靈魂都不會被傷害。而事情在最終極的結果上已經有了保證，你將會回歸我。因此，勇敢的面對！不要害怕！不論你發生何事，都有我與你同在。

那使用暴力的人呢？雖然「欠債還錢」天經地義，但這能合理化「暴力討債」嗎？

因果的定律就是有借有還、有進有出，這是宇宙的流動與循環；但是暴力從來都不是創造力的開始，使用暴力要到的錢本身也不具正面的能量。不是的！暴力並不是欠債還錢的正確手段，這其實是一種階級的驕傲！認為富有的勝過貧窮的，債權人高過債務人。因為債務而使用暴力的人，並不會長期保有他的財富，也不會再有更多。若他的靈魂沒有持續成長，將無可避免的落入惡性循環當中，亦即，他可收回的錢將會日漸減少，最後導致他更加暴力，終至自我毀滅。在你們地球上透過暴力討債的人，如果他沒選擇改變的話，沒有一個人最後會有圓滿的結局；而這種毀滅源自於「富有」的驕傲，同樣也不是愛的展現！

地球上的一切自然資源或是人造的財物，都將源源不絕的供應給人類及萬物，並且多有剩餘。**聰明人知道將那有的給沒有的，富有的給缺乏的，因為在那財富所來之處還有更多更多……只有愚頑的人因驕傲而不願意分享交流，以至於日漸貧乏。**類似的驕傲還有許多，都不會帶來你們希望的結果，例如：權力的驕傲、多數群體的驕傲、種族的驕傲、自卑的驕傲……

《聖經》上有說：愛是不驕傲。

是的！那是很重要的一段話！**一個驕傲的人無法再創造更多的剩餘**，因為愛就是那一切的源頭。

關於驕傲，讓我再談談你們的總統吧！你剛剛說他「來自三級貧戶，成長過程中曾經失去很多」，也許是，也許不！那要看他「自認為」擁有什麼而定。若他從來不曾自認為擁有很多，那他只會期望獲得更多。否則你以為他力爭上游為的是什麼？那麼當他終於當上總統之後，怎麼可能沒有絲毫驕傲？

還有，說真的，即便是三級貧戶，其實他擁有的也不少！如當時多數人一樣，只是貧窮卻沒有缺乏。除了自己不知道之外。所謂的三級貧戶雖然是事實（你應該看看那個年代有多少三級貧戶，他不是最窮的），但也只是一種政治語言，目的是要你們知道，他能做到總統有多麼的不容易！這幾乎是另一種驕傲的展現！畢竟總統一次只能有一個。這比起權力的驕傲毫不遜色！他幾乎忘記就是這些他臭屁的對象把他送進總統府的。

天啊！我還以為祢是不批判的，祢居然對地球上一個小島上的統治者有那麼多的意見。

我沒提供意見，我只是注意到你們大多數人的看法。

不過，我完全同意祢的說法。一個人可以處逆境，卻不一定能處順境。權力使人腐化，一旦牽扯到權力和利益，人性就變了，變得驕傲、貪婪、自私、無情，目的只是繼續保有權力和利益。看來，目前所謂的「民主政治」和百年以前的「封建制度」並無不同，只要權力是被少數幾個持有，貪腐就會繼續發生。不過我們似乎離題了，我並不想討論政治，我真正想知道的是，若我們真的造成某人痛苦和不便，難道我們真的可以忽視良心的譴責而不提供任何彌補的行為嗎？這樣不會有罪嗎？

不要彌補！因為本無匱乏，何需彌補？需要的是以善、以愛再去做些什麼。這並非忽視良心！其實，這正是「良心」該有的表現！「善」與「愛」是你的靈魂所能經歷和表現的最高狀態，那正是我！

世上沒有什麼事情是需要彌補的，一件事會是那樣它就是那樣了，剩下的只是你如何去定義它。下次當你做了什麼你認為「很抱歉」的事情，或是你真的做出讓你感覺到「虧欠他人」的事情，**問自己：「我要如何改善？」以及「現在愛會怎麼做？」**卻永遠永遠不要用彌補的意念和態度。當你企圖去彌補什麼，就是「什麼並不存在」的一個宣告，所以你會經歷到「無法彌補」的狀況，也就是「越補越慘」。

把愧疚自責放一旁，而直接用最高的善與愛去面對事情，才是良知的表現。事實上你若不這麼想和這麼做，才是有罪的！

✧ 你是無罪而完美的

為什麼？

這宇宙不存在你們所以為的「原罪」，或是任何可被犯下的「罪」，但的確有「自覺不完美」的靈魂的罪。

所有的靈魂演化的目的便是「體認到完美」，而這「自覺不完美」的靈魂卻總活在自責中，他看不到自身完美的榮光，活在自怨和自責中，這便是第一個罪，卻是自己肇生的。他不知道應該用充滿愛與善的行動去取代自責，甚至還認為愧疚自責才是完美的靈魂所該有的；若是他知道這份自責愧疚只會繼續吸引更多愧疚自責的事件，他將不會判自己有罪！明白嗎？**你們判自己有罪還多過神所判的！**你們對「自身完美」的誤解判了你們有罪！事實上你們本就完美，所有的缺陷都是完美的一部分，但你們卻不這麼想，都認為自己不值得、不完美，但**神看你們卻是完美無瑕的！**

祢是要表達，人是完美無罪的，愧疚自責是不必須的是吧！

是的！還有，彌補也是不必須的！因為將會付出更大的代價。讓我舉一個例子。假設一位父親在他的孩子成長過程中加以施虐，致使孩子身心受挫，做母親的在無力改變丈夫行為下，深感虧欠受虐的孩子，只好用更多的滿足和縱容來「彌補」孩子所受到的痛苦，而這樣的縱容卻造成孩子內心的依賴與任性。請問那位母親「彌補」到了嗎？

沒有！事實是沒有，我認為她造成了另一個問題，讓這個小孩心態失衡，甚至造成這個母親更大的痛苦。

正是！附帶一提，我想你已經知道這個孩子說的就是你。

我知道，我一直在努力調整自己。

我相信你是的，而事實上你已經做得很不錯了。

謝謝祢！不過說真的，我認為我還有很多進步的空間……奇怪！祢幾乎讓我忘記想要燒炭的事！

若不能讓你打消燒炭的念頭，那我來做什麼呢？為了使你更明白這個主題，我認為有必要再談談你們的總統。正因為他有著嚴重的補償心態，也因此他所經歷到的痛苦和壓力也是你們所無法想像的，甚至直到現在，仍然有人質疑射中他肚皮的子彈是假造的……

哇～我敢打賭祢一定知道真相！

是的！但是我不能告訴你。你們島上有接近三分之一的人不相信槍擊案是真的！

祢是說……三一九槍擊案是真的？

我沒說。我只是說你們島上有接近三分之一的人不相信槍擊案是真的。

那它是真的嗎？

真的與否重要嗎？能不能不要再有下一個三一九才是重要的！能不能有一個你們口口聲聲疾呼的「成熟健全的民主」才是重要的！能不能有一個「番薯芋頭大團結」的台灣才是重要的！能不能有一個重視環境保育和觀光資源的政府才是重要的！**你們如此要求過去的事件之真相，卻又對於真正當下迫切的課題關注甚少。你們不是活在當下又如何能寄望於未來？**你們即將新上任的總統很清楚這一點。儘管他還有許多東西要進步和改善，但是對於「活在當下」，他倒是做得很不錯。

等一下……等一下！我想我沒有預備好要聽到祢談論關於新總統和台灣政治的看法。

好吧！我了解這不是你眼前的難題，不過我注意到你仍然是很關心，而且是你舉出了總統的例子，我沒有提出任何看法，只是就我發現的告訴你。但是我可沒什麼政治立場，地球上的政治若要我來說，簡直就像兒戲一般。

我聽過那個……「人類一思考，上帝就發笑」是吧！但是聽祢說我們的政治像兒戲，難免讓我感覺不太舒服，難道我們真的這麼差勁嗎？

兒戲差勁嗎？若沒有兒戲又怎會有你們的科技和文明呢？若沒有初階又怎能夠進階呢？人類是在進化中的生命，我這樣說並沒有貶抑的味道，只是明白指出你們目前的進度罷了。

我的確會關心政治，但目前對我而言並不迫切。我想我們不要再討論關於政治的事了，我可不希望台灣在神的眼中是一個差勁的地方，我住在這裡！

嘿～我可沒說台灣是個差勁的地方！這是你第二次用差勁來形容你住的島嶼！她向來不差！我所造的一切盡是完美。如果她變得差勁，那是你們——這群住在島上的人使她變差！

請看看你們的政治人物有多少個是真正在為人民謀福利？還是為自己？請看看你們的民眾有多

少人是恨她多於愛她——以行為恨她，卻以愛之名！最後請你看看你們的媒體，又有多少是注重利益和收視率，而非社會教育價值？你說不希望我眼中看台灣是差勁的，那是你的投射，是你看台灣是差勁的，不是我！

好吧……這幾年……我是說，只有這幾年比較差一點，我們在各方面都出了不小的問題……尤其是經濟。

台灣的經濟向來都不差！實力仍然堅強，有錢人還是很多，只是像你這樣敢亂花錢的人少了，你知道為什麼嗎？因為信心變弱了！膽子變小了！不安全感大幅增加。你們的失業率居高不下，而犯罪率又節節高升，青少年沉溺毒品的人數比起往年總和還要多；而媒體若不是粉飾太平就是助陣吶喊，間接成為社會問題的幫兇……還要我說下去嗎？

夠了！夠了！這一切都令我不舒服！

不會是又要告訴我台灣很差勁吧？

不是！我是說，我住在台灣感覺很好，但是祢說的那些都令我不舒服！偏偏我又無能為力！

我明白你對這一切的無力感，但我只是陳述我看到的，如我一向以來所「是」的。**既然你覺得對那些不舒服的事件無能為力的話，那你為什麼不改變一下你的想法？**還有，你想過是什麼使你感到無能為力的？是因為沒錢？還是因為沒權？或是，你的意願問題……

我不想再討論這個問題了，我有比這個更迫切的危機要面對呢！我想再把話題轉向金錢，那是我們對話的開始處。

沒有問題，悉聽尊便！

✧勞「神」籌錢

祢知道嗎？我有過多少次在深夜閱讀《聖經》直到天亮，但是我除了在內心裡感受到祢「在」的平安外，我的生活沒有多大改善；我是說，在財務方面沒有。祢除了是一個偉大的創造之神和一個充滿了平安與愛的神以外，為什麼不能是個「財神」？

你是說「錢神」？

是！

我沒那麼鄙俗！你可以想像神需要鈔票嗎？我要去向誰消費？有哪一樣是我需要花錢的？

……喔！拜託！

我是逗你的，你太認真也太嚴肅了。關於金錢，輕鬆一點好。錢很好，好得很！

問題是我現在怎麼輕鬆得起來？我的妹妹給我一通近乎錢莊式逼債的電話，而我必須在三天內籌到這一筆錢，否則我有可能會失去這個妹妹。

你認為她會去自殺？她才不會！

不是！……而是這一份無能和自責幾乎讓我想死！我的確無力償還，而我要是拿不出來，她有可能跟我以後就形同陌路、不聞不問了！

嗯……看起來這像是個面子問題。就算你拿得出來，情況就會好一點嗎？我是說，你們的關係就會恢復了嗎？這是你需要好好想一想的問題。你們現在的關係，說的好聽一點也不過就是——你剛剛說的「不聞不問」了，你怎麼還能期待她給你更多的關心？尤其在她那樣的一通電話之後。換句話說，你不管拿不拿得出這筆錢，她在態度上都是不會有變化的。既然如此，你又何需勞神籌錢？

喔～是喔！我還真是勞「神」籌錢呢!!腦筋居然動到祢身上去了，真是可悲！

可悲？你有現在這樣的念頭才可悲！多少人期待有像你現在這樣跟我說話的機會而不可得，你居然覺得可悲，真正可悲的是你看不到這通電話背後的祝福。讓我這樣說吧！在你眾多借貸的親友裡，你妹妹應該是唯一還沒因為錢跟你反目的人吧？

ㄜ……我的表姊也有借我錢，但是她一直很仁慈，儘管她自己也不寬裕，但是也沒有對我惡言相向。

你的表姊是個很特殊的人，但我們稍後再談她，我們先談談你妹妹。

是的！除了表姊外，妹妹是唯一還沒因為錢跟我反目的人，雖然我知道她輕視我，而且也已經對我的財務狀況影響到她而很不悅（儘管她當年勉為其難的幫我），甚至，我還在猜她早晚會跟我翻臉。只是我沒想到這麼快，在我現在最需要錢的當口……看來我的確會失去一個妹妹，那是我唯一的妹妹，儘管沒有太多的情感互動，但畢竟是親妹妹……我……

我明白你現在的fu……

哇～還fu哩！祢居然還知道年輕人的用詞。真有意思！

嘿！我也是年輕人好嗎！我只是想讓氣氛輕鬆點，我不喜歡死氣沉沉的樣子，你看看你自己現在的樣子！簡直了無生氣！其實我告訴你，是我發明全世界的語言的，地球上沒有一種語言是我不懂的。我尤其懂心語，我知道每個人的感受；當然，我也知道你妹妹的感受。讓我告訴你吧！她覺得被你欺騙了！你在貸款時曾經承諾她會準時繳款，否則會影響到她當保人的信用對吧？

是的！

而你沒做到！

是的！但是我有原因，我不是存心要這樣的，我……

現在是不是開始感覺到「虧欠」她了？

其實我一直都有這樣的內疚……

停止這樣的感覺吧！如果你不希望一直內疚下去的話……不妨換個方式想：換做你是她，你會怎麼想？

我想，我會很生氣吧！有這樣一個不長進和欺騙人的哥哥。

生氣就要比內疚好多了。她也不願意把你看成是那樣，但是因為她感受到的就是那樣。在內心深處她很受傷，而外在世界她又得不到需要的幫助，因此她受到雙重打擊，表現出來的就是生氣和攻擊。而你知道的，**「所有的攻擊都是一種呼救」**！

我很抱歉，我……

你跟她說了嗎？

沒有，礙於自尊，道歉我說不出口，而且她一副盛氣凌人的模樣，簡直得理不饒人！但說來說去總歸是我不好，我亂給承諾，怪當年的我不夠成熟，只看到當下可以貸下的款子，沒去考慮能否承擔的後果，我真的很懊悔……

不要後悔！我說過，這是你的人生經歷，只是個過程，能讓你認識和再創造你自己。不是只有你，有很多的人也有相同的狀況，他們有些甚至比你還嚴重許多，你只是其中一個代表，比較具有話題性的一個，誰叫你跑來勞「神」籌錢？

是啊！這真是太不可思議了！我是說……實在令我太訝異了！我不過是用打字的方式禱告，居然……居然祢就出現了……我甚至還不知道下一秒鐘要出現的念頭，原來……神是會跟人說話的……

✧體驗神

你為什麼總是以為神是個啞巴？

不！我從沒想過可以跟宇宙造物主說話。

胡說！你經常這樣做！

不！我說的不是禱告，我說的是「對話」，是還有其他人也可以跟祢這樣對話嗎？

所有的人都可以開口對我說話，而我不但對每一個人講話，甚至連此刻，我也正在跟至少十二個不同地區的人用和你一樣的方式說話，有點類似你們的 msn，有些語言甚至是你沒聽說過的。

祢是說祢甚至也對非洲土著們說話？那些沒有文明的人？

你認為呢？若要我說，他們就像是活在神裡面，**而你口中的文明，正把你們帶離開真理**

和實相。

那他們也是信耶和華嗎？

宇宙萬物、山川大地皆是我所創造，不管他們拜哪一個神，不都是拜我嗎？只是也許他們不會叫我耶和華。有些時候我是山神，有些時候我又是太陽神，但不管是崇拜哪一個神，推到最高點，我就是那「原力」，萬物起始的創造能量。

但是《聖經》上卻說只有一個唯一的真神，單單只能事奉祂，還說耶和華厭惡偶像和其他的「假神」……

的確是只有一個真神，但是範圍卻廣大得多，宇宙一切盡在我內，任何人類所創造出來的「神靈」，不論是山神、海神、太陽神、風神、火神……等自然神祇，都是我的萬般造化之呈現。一切萬物既是由我所造，拜祂們自然也就是拜我，也許拜的方式各自不同，但我是鑒察人心的神，並不會因為「儀式」的簡陋與否或是「祭品」的優劣而有對應上的差異，因為我並不看重那些。

至於《聖經》上所說的只准許拜（信仰）我一個神，那是當年的教會害怕失去信徒，以我之名所用的規範方式，事實上我從未禁止過人類的各種信仰。難道你不覺得奇怪，任何地區的人類，從埃及到印度，從亞洲到歐洲，在文明尚在啟蒙階段時，就都各自發展出各種的信仰，是他們彼此約好要有信仰的嗎？還是不同的種族各自在深深的內在就是知道有一位神是超乎萬物的呢？

我明白祢說的，這麼說《聖經》上的確是有不少地方需要重新檢視。

與其檢視《聖經》，不如檢視你們的價值觀系統。**只要你們對神的看法是「被灌輸」而來，不是去「體驗」而來，並用以創造自己的真實，則你們遇到真神的機會就少得多**。因為你被灌輸的「神」並非你的體驗，而是一種複製品；最糟糕的是，這份複製品並非照著原設計者的規格，就像是並不一定合身的衣服硬要套在每個人身上，難免不倫不類。

我現在正在體驗祢嗎？

是的！因為這些文字和思想並非來自你的頭腦。若是你腦袋裡本就有這些智慧，你會讓你自己的日子好過些。

這份對話對我而言，是我對神的「體驗」，對其他閱讀的人，難道就不是「被灌輸」？

當「體驗」的內容被傳遞時，若也能讓接收者「如實體驗」，那就不能稱之為灌輸，那是在「傳遞」。你可以問問閱讀你這本書的人對神的看法，是否有「如實體驗」到神臨在內心的平安和喜樂。

祢知道嗎？十年前我曾經讀過《與神對話》這本書，我一直認為那是杜撰的書籍，是作者自己瞎掰的；不過，他掰的很有道理，挺有說服力的。我當時差點信了他呢！但我真的沒想過我可以和他一樣……

你認為那本書是瞎掰的？我實在的告訴你，每一本著作都是作者和我的對話，每一位作者若是沒有我賦予的靈感，都寫不出不朽的作品。《與神對話》的作者尼爾只不過把他心中的疑問傾瀉而出，然後透過靈感得到我的回答，並且像你一樣記錄下來。你們當中有誰沒有對上帝提問？

ㄜ……有的……我整個人生就是個問題，只是……

只是過去聽不到回答對吧？我說過，當你用腦袋就聽不到我！正如你現在耳邊萬籟俱寂一樣。我是用意念溝通的。

原來如此……說真的，那本書當時曾帶給我深深的安慰與狂喜；儘管如此，我仍然很難完全信服。祢知道，我們都是被教育：神是專司賞罰的，做好事上天堂，做壞事下地獄……而那本書卻否定這一切，表現的盡是慈愛與智慧，循循善誘的述說神對人類的愛與包容……

我想或許我中了分析毒吧，也或許是我被懷疑論教育得太成功了，我總認為，好得讓人難以置信的一定有問題，我最後認定那是「魔鬼的承諾」，然後我就不看了。畢竟撒旦算是人道主義者，只有人道主義者才會一無所缺的供應人類一切身、心、靈的春藥……但是我必須承認，我這十年來用自己的生命經驗發現……似乎那書中所敘述的很多觀點都是對的！我有點後悔當時沒好好看那本書。

當你聽到令你平安喜樂的真理時，竟然都不願簡單的相信，這正是在心智上分裂自己和神的作為。**心智令你們不相信自己值得得到好的對待，總認為對你好的一定是假的，對你不好的才是比較真實的。這種分析卻讓你們自己成了受虐者，遠離了神的榮耀**。像你竟然要花上十年的歲月去驗證神的話……不過其實你算快了，人類已經企圖驗證我幾千年了！到現在對我還是莫衷一是！現在，你不認為我是撒旦了嗎？

沒有撒旦！就像那書中說的！

其實是有的，就是非神、非光、非善、非美、非我的那個，但並不是什麼誘惑人犯罪和帶來災難的那個，因為沒有罪，也沒有災難。這一切都是人類創造出來並且定義的神話。於神卻不是的！但是你們就這樣被催眠了幾千年。如果可以，我會很建議你把那本對話放在顯眼處，以便你可以隨時閱讀。我已經把我要對這個世界的建議和對個人的建議，甚至部分宇宙的實相記錄在那對話中，時常閱讀，你便可以隨時與我有個對話，因為你是我的孩子，而我是你的神！

祢知道嗎？現在時間是凌晨五點十六分，我已經坐在電腦前接近七個小時，但是我居然不覺得過了這麼久，彷彿我才剛坐下……

是的！**當你處在絕對和專注的狀態下，時間對你而言彷彿是靜止的**。我說「彷彿」是因為你們認為時間存在，事實上時間並不存在終極實相裡，**只有一個時間就是「當下」**！我就是始，我也是終，我是Alpha，我也是Omega，當你與當下同在就是與我同在，就能體驗到靜止和永恆。

能跟神有個直接的溝通，這是一件多麼奇妙又令人興奮的事！我實在捨不得去睡覺。

可是你累了！

是，我是真的累了，但祢知道，這是我第一次跟祢有個直接的雙向對話，我實在不想讓它太早結束，尤其是我還要問祢關於錢……

去睡吧！你需要體力，而我們有得是時間，我們才剛開始而已！

祢要走了嗎？

我永遠不會走，我會一直都在，只要你呼喚我。我一定會帶著關愛前來……

睡吧！我的孩子！

晚安！

晚安！

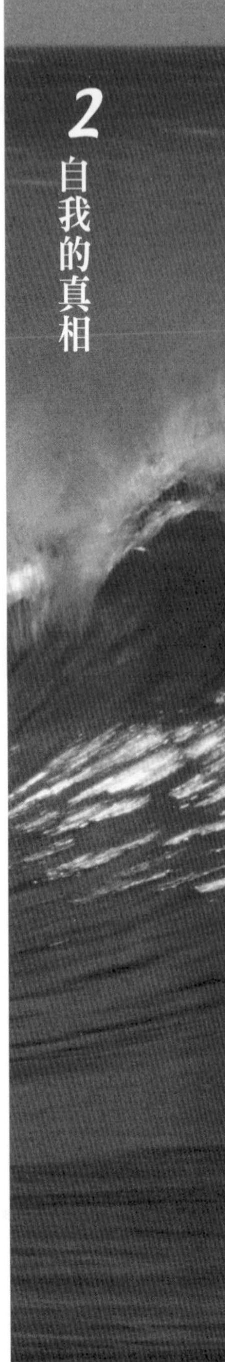

2 自我的真相

✧創造的關鍵

你妹妹今天沒有打電話給你吧？

沒有！

我想你已經知道你的危機解除了？

我想是的。祢弄的？

也可以這麼說啦！但其實是你的關係！

我？我除了坐在電腦前閱讀跟祢的對話和睡覺外，什麼也沒做！

當你一遍又一遍不可置信的閱讀著你自己打出的文字時，宇宙悄悄的工作了……

什麼？

我說**當你在看著這些文字時，你已經轉換了你的起始思維，於是宇宙便轉了一個彎……**

這麼容易？

我說過它難嗎？只是你們有些人不知道控制宇宙的方法，或知道方法卻又不相信，還有一種人是知道方法也相信，卻就是不用！

我是哪一種？

你是哪一種？

我不知道！所以才問祢。

我知道你不知道，但若你知道，你會讓自己「是」哪一種？

是哪一種？祢是說，我要「是」哪一種就可以「是」哪一種嗎？

是的！

如果那麼簡單，為什麼那麼多人還在為生活苦苦掙扎？要是每一個人都可以「是」自己所要「是」的，那世界上的悲劇應該會少很多。

不管一個人目前的生活是怎樣，他都是正在過著自己所要「是」的生活，一切都是自己所創造出來的，不管他是不是意識到這一點。

我無法想像有人會自願創造出對自己不好的生活品質或是命運。

不少人那樣做，大多數是在無意識的層面做了這樣的選擇，而意識卻不知道，仍舊抱怨或是奮力掙扎。

我不太明白。

無意識指的並非是感官上的毫無意識，它指的是你感官以外的意識，有些人稱為潛意識；當潛意識運作的時候，多半表意識是不會察覺的。而任何的一切發生，潛意識都占有多數的影響力。

這麼說身體裡面有兩個我，這說法是正確的囉？

你們是身、心、靈三者合一的生物，三合一的完美搭配。但除了身體之外，另外兩個就是心和靈、心智和靈魂、表意識和潛意識、自我和本我……它有許多的名稱，但終歸就是「心靈」。

我比較熟悉的名稱是表意識和潛意識，我知道潛意識的力量是表意識的三萬倍，可以做到很多不可思議的事情，但是似乎要控制潛意識並不是那麼的容易。

事實上它可以很容易的被控制。而潛意識也只能被表意識控制，不過任何時候當你不用表意識，不用你那個「心智」去決定做什麼、說什麼的時候，就是潛意識在發揮它作用的時候。要知道，表意識若不清楚覺察，很容易將那非正、非善、非美的指令透過暗示讓潛意識接收。潛意識並不會區分，它只會執行，因此我才說，很多人的確都過著自己所「是」的生活，因為都是透過他自己的表意識與潛意識合作而產生的結果。

祢的意思是，潛意識只能被表意識控制？不是被祢？

表意識的所思所言掌管了潛意識在行為上的發生，分分秒秒、時時刻刻。潛意識不是被我控制，但卻跟我有著深深的聯繫與互動。潛意識就是你的靈魂意識，它經常說話——透過直覺。當潛意識要表示些什麼而你卻不按著潛意識行動時，你多半會有惴惴不安的感受，你很難不發現那強烈又明確的直覺。

是！就像現在的我一樣，我若是不把祢的話輸入在鍵盤上，我會感覺到坐立難安……

是的！其實你們的靈魂永遠知道，什麼是對你們最高、最有益的決定，也經常性的發出直覺提醒，只是多半都被你們的表意識攔阻，也就是那個被經驗障礙矇蔽、被知識障礙矇蔽的心智。但是若潛意識經常性的被忽略，它也會尋求另外的管道送出訊息，多半是透過夢境。

我知道這個，佛洛伊德對這一點曾經深入的研究，我讀過他的書。

是的！他到世界上的目的就是揭開這層心靈的面紗，讓人們知道自己不只是身體和意識而已，而是和那更高更大的宇宙意識——潛意識——有所連結。

祢剛剛說潛意識是被表意識所控制的，那豈不是要隨時隨地監控自己的思想才能做到？這太困難了，有多少人可以時時注意自己的所思所想？

或許很不容易，但卻是做得到的，只需要保持安靜與覺察。其實已經有不少人做到，那些做到的人都可以真正的掌控他們的人生；你可以輕易的在許多環境當中見到這些人，他們都有平靜的心靈和祥和的眼神，嘴角掛著微笑卻又沉默少言。

許多人會對自己說：「我掌控自己的命運。」但是若他們不懂得運用潛意識的力量，仍然會很吃力對吧？

你若要移山，你可以徒手搬運砂石，也可以運用推土機和怪手，哪一個省時省力你很清楚；不過，就算你不懂得使用那些重機械，重機械仍然隨時準備好要為你服務。它們隨時都在，你唯一要做的就是知道如何駕馭它們，**若你不駕馭它們，它們反過來會駕馭你，因此才會有許多人認為自己的人生失控了……**

駕馭潛意識……

是的！**對自己所思所言永遠保持清醒的覺知和正面的意念，不斷強化你對自己最高意像的暗示，並且沒有懷疑，沒有恐懼，掌握每一個「突然冒出」的念頭和衝動；按著去行動，你會發現「奇蹟」根本只是一種自然狀態。**因為你的潛意識和我一體，而透過潛意識，我將為你帶來奇蹟。

就像我今天的債務難題自然消失一樣嗎？我想我可以稱這為奇蹟。

是的！你已經身在奇蹟當中了！而這份奇蹟還會帶給更多人奇蹟！

可是祢為什麼選擇我呢？我是說，竟然會是我？地球上有六十億人，台灣有二千多萬人，為什麼會是我？雖然有時候我的確知道自己有些特別，但是似乎還沒有特別到會讓神親自對我說話。

賓果！你中樂透了！呵呵！

別鬧了！我買了很多次，從來也沒中過！

真的？從來沒中過？最小的也沒有嗎？

ㄜ……有的，最小的有中過。

但你剛剛卻說「從來也沒中過」，看來你在語言的表達上要再更精確一點，因為那也是潛意識很重要的暗示工具。

祢可以說明嗎？我以前聽過那個說法，但是我不確定是不是和祢說的一樣。

可以，不過我想先讓你知道，為什麼會是你在這裡和我說話。

你要知道，在我眼中每一個人都是特別的，都是我所愛的，因為我認識每一個靈魂。為了他們的意願，我並沒有為任何一個人設計人生藍圖，也就是說，**沒有一個人是帶著我的「使命」前來的。每一個人的使命和任務都是需要自己去創造和賦予**，包括你，我的孩子，我並沒有揀選你成為我的使者，你會跟我有一個直接的溝通不是因為我選擇了你，而是因為——你找上我。經上不是說，尋找就尋見、叩門就為你開門嗎？你認為那只是比喻嗎？你已經找我超過二十六年了……因為你的靈魂知道我們很久以前曾有過的約定。

還記得你讀國小三年級時頭一次讀到《地獄遊記》嚇得半死嗎？從那時候開始你就相信世上是有個神，只是你不知道那是什麼神；你看見寺廟裡的各種神像，你就鞠躬或合掌，當看見孫中山或是蔣中正銅像時，甚至你也想像他們是神。

你漸漸長大，在父親的暴力對待下，你內心變得有些封閉，不愛跟人說話，但你依然精力充沛。你調皮、你搗蛋，但許多問題例如「我是誰」、「我要做什麼」、「人生的意義與目的」……等等，都時時刻刻盤據你的心靈，引發你深深的疑惑與煩惱。在沒有人可以詢問的情況下，你選擇閱讀，特別偏好與宗教心靈相關的書籍；你讀《金剛經》，你看《普門品》，你雖不解其意卻也頗具慧根。但是此時你仍然沒有信仰，甚至當你的父親傷你太深時，你還焚燒經書表示憤怒，否認有神的存在。從那個時候起，你開始變得憤世嫉俗，行為偏激乖張。

你退伍後經商、上班，儘管遇到不只一個朋友跟你分享《聖經》，你也不再心動。直到你第一次在人生的道上遭遇愛情、親情和事業的三重打擊下，你接受了信仰，受了洗，頭一次，終於！你認識了神！頭一次，你感到了平安！如釋重負的你曾不只一個晚上流著淚向我禱告，要我幫助你，我沒有像現在一樣出現，但是我派遣了許多天使在你身邊，他們都是你曾經認識的人，也帶來了你需要的幫助。儘管你不知道那是來自於我……因此你仍然在找我……但還是看不見我，即便去到教會也找不到我……但你毫不懷疑的相信你一定會找到我……**「只要有一粒芥子的信心，你就可以移山」**，對此，你深信不疑。

不久，你不再上教會，而開始瘋狂閱讀、靜坐、冥想，企圖在你的心中找到我，但是之後你的生活仍然陷入工作和愛情。雖然你也閱讀，也偶爾禱告，卻不再呼喚我，不再把我當作你力量的來源。**在那時候，我只是聊備一格的、可有可無的神。你試著用你的心智和技巧要去成就你的人生，有至少十年的時間，你沒有感動哭泣的經驗**，儘管你仍然稱我為神，仍然自稱是我的孩子。

在那一段日子裡，你的所謂「事業」曾經獲得短暫的成就，旋即如曇花一現般瓦解，你開始發現個人的力量是有限的，你需要神！你終於再度回來找尋我，只是動機不再像往日的單純，多半你帶著交換的目的，你奉獻，你行善，卻發現效果有限。

這時候你已經三十四歲了，時光對你的生命起了正面的作用，你終於開始了解到，在人生中真正重要的是什麼。你開始放慢腳步，開始放鬆心防，開始真正的喜悅並拋去得失心，甚至女友離去也只能令你短暫的憂傷；你開始真心喜悅的，不帶任何目的的呼喚我、讚美我，在你工作中、在你獨處時，在你沐浴時，甚至在你憤怒時，你也沒有忘記榮耀我。因為我說過：「尋找，就尋見！叩門，就為你開門！」所以因著你真心大聲的請求，我就前來為你開門——歡迎你！

哇……好感動！這是我頭一次聽到關於自己人生簡短的描述！……謝謝祢為我付出了這麼多的愛心和耐心，祢讓我有一股想哭的衝動……

✧神的真相

如果你有感動的眼淚，為什麼要阻止它？感動是對神的讚美！其實，我還可以描述再更精采一點！如果你不在乎我把你更多細節說出來的話。

好了好了！這樣夠了！我想我還是保有一點隱私的好，雖然我知道在祢面前是毫無隱私的，但是我還是不太希望它變成文字。

你擔心嗎？

祢是說我擔心把我的人生細節變成文字？還是擔心我的隱私變成文字？

兩者都是！不過你以為就算沒有形之於文字，你所有做過的事情、正在做的事情和將要做的事情，都沒有被記錄嗎？我實實在在的告訴你，就是你全身的毛孔也都被銘印在宇宙裡了，文字化與否端視你們有多少人將要留意來自我的信息，這和你們心靈的進化程度有關。你們多數人都忽略了我的訊息，只有你擔心它變成文字。

只是我透過祢寫出這些關於我自己的東西，看了感覺還是怪怪的……祢知道，有點像我是旁觀者。

我曾說過這一點，「如神一般」就是「有如旁觀者一般」。慢慢來，你會習慣的，你會記起來這是你本來就有的感覺。畢竟你出於自願而離家，現在走在回家路上了，你會記起來的，會記起來的，我會一直的、持續不斷的和你聯繫，對你說話，指引你方向，為你開路。只要你將心思放在我這裡，我將使你福杯滿溢。

謝謝祢！我現在知道神和人是可以雙向溝通的，但是為什麼多數的人對祢的認知僅止於文字而非「體驗」呢？

文字是具體化的聲音，而聲音是震動的思維，我對你們最常選擇的溝通方式便是思維；你現在接受的正是我的思維，透過你的靈魂。你之所以能確定是我，而非意識上的妄作，乃因為你自己從來不曾「發起」這般精確又清晰的思維。

若是你有答案，你就不會問。但若是由他人看來，你就像是在自問自答；其他人看不見想像力的運作，甚至迷失在紅塵中遺忘想像力已久，**因此他們會懷疑其真實性，甚至指控你冒神褻瀆。直到那想像成為真實！那話語落實印證**！即使如此，你仍然無法避免被攻擊毀謗。

不論如何我必須說，**想像力正是奇蹟的泉源**。我透過你們的身、心、靈來感知與經驗，你們也是做相同的事。因為我用我的形象創造了你們，本質與運作上並無不同。我透過你們的想像力傳遞訊息，這訊息的震動在你的頭腦裡是那麼的快，以致你感覺稍縱即逝，這也是許多人曾有的經驗——「好似神來一筆」、「我忽然有了一個想法」、「我感覺怪怪的，似乎……」，夠敏感的人可以抓得到我，大多數人則是選擇漫不經心的略過。**啊！你們抓住了一切看得見的東西，卻獨獨遺漏了這個——我透過你們內在流洩出來的奇蹟，一個你們可以和我做雙向溝通的奇蹟**。

不論東、西方，所有的宗教都教導同一件事——「內觀」，你們以為是巧合嗎？**只是大多數人選擇遺忘或略過我的信息，卻大聲呼求我展現奇蹟**，而我能做的就是一再的、持續的讓這信息繼續，以便讓「想回家」的人可以找到回家的路。很多人累了，想回家的人多不勝數，請想回家的人看吧！聽吧！我一直都在，一直都在，我的門從不上鎖，始終為你點上一盞燈，溫暖你的被，為你預備豐盛的筵席，**歡迎回家**！

老天！祢又再一次讓我想哭……

你體驗到我了嗎？我就是愛的力量！感動的眼淚從來都是好的——當你脆弱的時候，也是你最接近我的時候。所以哭吧！讓我真實的住進你的心，讓你平安中仍有自在的喜悅。

我的天！祢總是那麼樣的寬大和博愛嗎？祢知道我仍然很難相信祢是一個不會憤怒、不施報復的神。

不要被那些「神棍」欺騙，被自以為是的宗教人士催眠。幾千年來，人類加諸於我的種種恐怖的形象，甚至超過了撒旦！《聖經》舊約中的我，被描述成一個只維護信靠我一方的神，並且還要用正確的方式事奉我，否則我便會震怒，甚至不惜發動戰爭毀滅城池，但是關於「萬惡的魔鬼」卻著墨甚少。所以你不要奇怪，為何現在世上的人懼怕神多過懼怕撒旦！甚至連撒旦也有為數不少的信徒！儘管所謂的撒旦只是非我的那個，並沒有一個真正的魔鬼，但是人類卻透過傳說和神話以及豐富的想像力，為自己創造出它來。

我不是說過，想像力是奇蹟的泉源嗎？看看你們怎麼創造出魔鬼的吧！就這件事而言，人類還真是創造出一個奇蹟。你們相信有一個神，祂創造出宇宙萬物，也包括魔鬼，但是祂無法控制魔鬼破壞祂的創造，甚至是默許牠惡搞！**你們居然認為神會自相矛盾，自打嘴巴**？相信這樣的一個神，你們真的會比較平安喜樂嗎？

孩子！我並沒有創造魔鬼！而且我喜悅我的創造！我為何要憤怒？只因為你們不聽話？**如果我「需要」你們聽話，那我又何需創造生命呢？生命就是自由！沒有限制的自由！**你們可以選擇去做任何你們愛做、想做的事情，而不用擔心會有報復，只要注意結果。（附帶一提，更多人是選擇做自己不愛做、不想做的，卻以為自己沒得選擇。）

我在宇宙制定了因果律，卻從不行審判。經上有說：「凡事都可行，但不都有益處。」這話是對的！因為**即便有你們所稱的報復，也不是出自於神，而是宇宙回應個人意識和集體意識所產生的結果。**我愛你們！**最宏大的愛就是供應所需卻一無所求，沒有限制，全然的自由！**讓你們可以自由的按照你們的所願去演化、去成長，你們可以求告我卻不用事奉我，但如果和神有個友誼是你所選擇的，則你就會經歷到祂。你明白嗎？孩子！

✧我們都是天使

我明白！謝謝祢！謝謝祢！過去我做過許多感恩的禱告，卻沒有像現在一般的感動與震撼……我該如何表示我的感謝？我是一個如此卑微和渺小的人，祢卻能紆尊降貴的和我說話，並且給我安慰與指引。

我的孩子，你並不渺小也不卑微，事實上，你的靈魂在經歷了許多次生命的來回後，已經進化了許多。現在，我將要告訴你一個你會十分震撼的消息，那就是——「你是天使」。

我是天使？

是的！

祢一定在開玩笑！

我不會開這種玩笑！不是只有你，地球上有很多天使隨時準備要幫助人，有些是用肉身形象讓你們看得見的，有更多是你必須要用靈魂感知才能發現；但不論哪一種，都帶來一個訊息，那就是——你們是被深深地愛著的！而且你現在身邊就有你在天上的夥伴。

看得見的還是看不見的？

都有。

那我呢？祢說我也是一個天使？我感覺不到我有任何特殊的能力，不要說幫助別人，我連自助都成問題，偶爾還需要別人協助，若說我是天使未免太抬舉……

你曾經是天使，但你不記得了。你來到這世界是有目的和任務的，我說過我們約好了，在你選擇經歷這一切人世的磨練而快要放棄時，我將會出現前來協助你。

這是真的嗎？我還是很難相信！

你要是那麼容易就相信，也不需要我來對你說話了，不過就連這樣子固執的性格也是你自己決定的。若非經歷徹底的遺忘與否定，你就不能完全的經歷你所選擇的過程，而我將會幫助你完全的憶起並欣然接受。

祢會怎樣幫我？讓我長出翅膀嗎？或是擁有神力？好讓我相信。

我帶來的協助遠超過那個。要知道，表象是靠不住的，若是你真的長出翅膀，只怕你也無處飛，人類會想盡辦法把你捉住，然後……

我知道，抓去研究，就像電影裡演的一樣。

事實上有許多天使的確是有翅膀，只是他們選擇隱藏，目的是不讓人們發現，好使他們的工作能在低調中進行。

包括那些有肉身的天使們也是有翅膀嗎？

是的！

原來翅膀是可以選擇隱藏的……

是的，但是你不一樣，你除了固執外還很愛現，特殊性對你有著蜜糖般的吸引力。在你學會隱藏你的特殊性、學會低調以前，你無法將你的工作完成。你有沒有發現，你這一輩子到目前為止，因為那一份「特殊性」吃了不少苦頭？

我想想……好像是……

那麼，恭喜你已經上路了，你已經漸漸學會隱藏和縮小自己了，而當一個人開始願意謙卑低調，才是可以成為被重用的器皿。

嗯……被重用的器皿……只要我學會謙卑低調？

是的！但不只是被我重用，你將被這世界看見。事實上任何一個人不論是誰，只要能夠開始放下心智的偽裝，展現真誠與謙卑，幾乎沒有例外的會被周圍的人發現，因為他是那麼樣的與眾不同卻又那麼樣的平易近人。

但是我們社會的價值觀是：你有能力要積極展現，你要宣傳為自己造勢，爭取更多表現的機會，因為這樣你才能被看見、被重用，也才能獲得更多的肯定和掌聲，當然還會有更多的收入……而不那麼做的人，多半會被認為沒有企圖心，這在我們的社會裡是不具有太高的價值的。

所以，誰說你們的社會是一個成熟的社會？**一個成熟的社會不會「眼見為憑」，一個成熟的社會會真誠的做事和謙虛的說話，沒有狡詐和隱藏，他們會深入人心去看到他人內在的真實，**

發現他人的需求，而把自己「擁有的」無償與那「沒有的」分享。你們的社會曾經有一度擁有這樣子的格局，那是在大地震發生之後；而當復原工作逐漸完成，人們記憶漸漸淡忘之後，你們又恢復了那充滿猜疑與不信任、不真誠的對待關係，任何你能想得到的環境都可以見到這樣的人際互動。

✧夢境的真實性

但是我們畢竟是人，眼見為憑就是事實的證明，就連法官審案也是要「看到證據才說話」不是嗎？

你們最大的問題是，不知道這個世界只是幻象，在幻象中有極為逼真的「物質事實」可以被肉體感官察覺。但是說穿了，肉體感官能觸及的是那樣的有限，它將一切的「物質事實」轉譯成化學電子訊號，以便你的大腦可以感知；一旦大腦停止運作，你們的有形世界也就消失了。

你不也曾經做過「極為逼真」的夢境，彷彿就像是真的一般，但是醒來卻發現根本不存在；那麼，**有沒有可能你現在其實只是在一個「極為逼真」卻事實上不存在的夢境中呢**？若我說你們的夢境才是實相，你又會怎麼說呢？正因為你們是處在幻象中，**知道這祕密的人甚至**

可以操控「證據」。

所以，這下好了，我們甚至連我們的感官都不能信任，那我們能信任什麼？如果眼見不能為憑，那難道空口白話就可以相信嗎？

你們有句話說：「語言是最不可靠的供應商。」這話應該包括眼見為憑……

祢這是把「不可信」和「懷疑」的人性給予正面的評價吧?!

我要說的只是：**信賴你的直覺，而非你的感官。**你的直覺並非是心智所創造出來的感覺，要小心分辨！直覺是一種不需要經驗，不需要理由，明明白白「就是知道」的呢喃。而心智依照過去的經驗記憶與學習到的知識，用邏輯去分析判斷，產生所謂的「感覺」，其結果卻往往與預期有落差；但是**直覺是一種對當下的清楚認識，「當下」其實是橫跨過去與未來的，若你活在當下、用直覺去生活，你會發現總是能做出對你最適當的決定，即便那未來的結果尚未顯現，你卻已經知曉。**

所以活在當下是很重要的了，除了告訴我們不要活在過去之外，也是告訴我們不要對未來有任何期待嗎？

不要期待，要去知曉。期待是把自己放在一個未知的領域裡等待著去探索，生命本是他所「是」的，根本無需探索；而知曉卻是一種明明白白的存在狀態，你們的宗教稱這種狀態為「悟」，一旦你悟了，你將無有罣礙無有恐怖，既改變了過去也洞悉了未來。他將超越時空而與我合一，將會明白**時間與空間只是一種思想的產物，一種意念的障礙，破除了這些幻象與障礙，他將可以利用生命創造出無盡豐富的內容，因為生命本就是為創造而生的；**他將會因為這些創造出來的豐富，更加深認識生命的價值。你會因此了解，這份生命的價值其實是你們賦予自己的。

說得真好……這麼棒的話，幾千年來幾個人開悟？祢又為什麼不讓人直接開悟，非得在這世界走這麼一遭才達到那樣的境界……

若沒有你「不是」的，你就不能變為你「是」的。這是宇宙的神祕之鑰，也是一切生靈轉動之輪。

我不懂！

你慢慢會懂！宇宙中是沒有偶然的，所有發生的一切都是為了幫助你。

既然祢說一切都是我們自己的選擇，那我們為什麼要選擇經歷這「生之苦」呢？

孩子！**生命也可以是甜的，如果你曉得怎麼創造和應用的話**。至於為什麼選擇經歷，只有你自己知道了！正如你也不會知道其他人心中想什麼，只有他自己知道。或許為了經驗某部分他所「不是」的，或許幫助某個他所愛的，或許為自己創造進化，也或許，只是好玩！

生命之所以苦，只是因為你們遺忘了感恩和怎麼去愛。人類活在恐懼與缺乏的幻象中，即便周遭的一切如此豐足也視而不見，多少人是成天擔憂恐懼著這不夠、那不夠，而不去思考已經擁有的是那麼的多，甚至超出自己所應得的。也因此，競爭出現了，狡詐出現了，煩惱出現了，筋疲力竭出現了，最後的結果就是痛苦出現了！

但是人們不知道這世界只是真實夢境的幻象！卻又要扎扎實實的承受這苦。祢並沒有給人類一本說明書，好讓人遵循去避開痛苦。我說的不是像《聖經》那樣經過人類潤飾過，而是實實在在出自於祢的。

是的！他們不知道！正是由於他們不知道，而讓這經驗可以繼續，以便繼續創造與經歷。因為**一切若你已經知曉，則你便開悟了**，你就會終止這歷程。但即便是這個被你們稱之為「苦」的人生，也沒有什麼不好，我雖然不喜歡看見人受苦，但是我對於這過程的終極結果很清楚。孩子們只是選擇去經歷，就像你帶小孩去到遊樂園，他們要去玩雲霄飛車或是恐怖鬼屋都沒有什麼不好，他們只是選擇去那裡「玩」，終究是會安全回來的，你對這結果很放心，卻不擔心過程中他們可能受到一些顛簸或驚嚇。在這個例子中，你們和遊樂園的小孩唯一不同的就是：**遊樂園的孩子清楚那終極的保證，而你們不知道。**

你們名副其實的是活在夢境中，曾經有過許多的資深靈魂選擇回到地球，以肉身的形象，用文字和語言訴說這真理，試圖著將你們自真實夢境中喚醒。過去你們殺害這些人，現在你們有些人聽從了，有些人則嗤之以鼻。不過沒關係的，我一向知道會有怎樣的結果。

至於你說的說明書，不，沒有一本真正出自於我的說明書，我只是去創造與觀察，並且繼續下去。**在人生的這場遊戲中，沒有遊戲規則，你們自己制定遊戲規則，自己參與，然後自己評分，直到你明白這終究只是場遊戲，然後你會選擇繼續遊戲或是不再遊戲。我真的不在乎你們怎麼玩這場遊戲，因為我給了你們永遠的自由意志。**如果我真的提供了那樣一本說明書，那自由意志又算什麼呢？如果我真的希望你們像我所要求的那樣過日子，你認為我不能一開始就把人類造成那樣子嗎？那和你們創造電腦和機器人又有什麼不同呢？

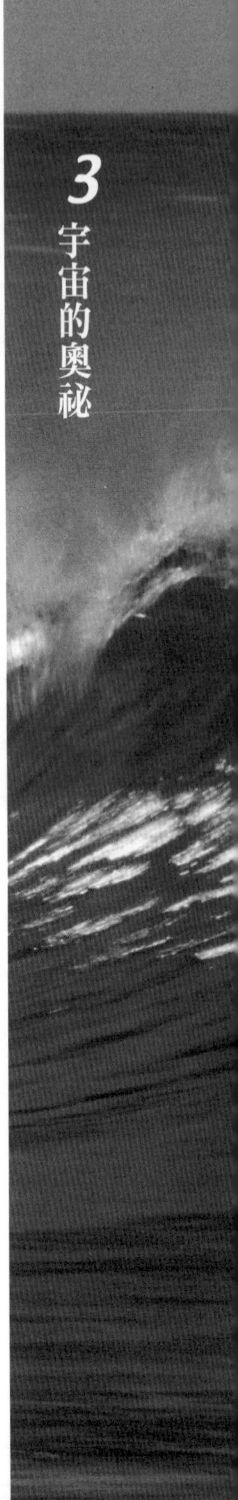

✧《聖經》的祕密

《聖經》不就是祢默示的嗎？那現在的這些對話應該算是祢親自提供了吧？

《聖經》的確是我所默示的，但是很遺憾的，只有部分內容為真，幾千年來多數內容已經遭到刪除或修改。而目前這一份……你正在打字，不是嗎？如果你要說不假他人之手，實在在出自於我的，那現在這些對話就不是！嚴格來說連《聖經》也不是！我只是透過你這個「連接器」傳遞一些對你和對其他人都有用的訊息，就像我對摩西和尼爾所做的。

祢不是也創造亞當和夏娃居住在伊甸園裡，還指示他們不可以吃那智慧之果。

我的確創造了萬物和第一對人類，但是聽好！部分的《聖經》舊約內容，都是當時的作者為了方便人們了解和記憶所用的神話和比喻，那並不一定是當時發生的實情。

還有，我並沒有提供任何一本「說明書」給人類，之所以會有《聖經》舊約的出現，在一開始的時候，只是當時人們記錄的歷史，後來由於人類發現「以神之名」發動戰爭或做任何的事都可以「師出有名」，於是便將一切的動機和結果都推派給了神，所以你會在《聖經》舊約中發現我似乎是個容易發怒的神。

及至後來，他們更發現，若將神和政治結合在一起，就可以對人類施行統治而不用擔心叛變，《聖經》舊約就在一群人基於政治和利益的考量下而被編寫創作，並經過無數次的修改；又因為其內容符合所謂的當權者之利益，因此被當作福音般的遍傳四地，更不要說在那周圍會興起許多的教會……你明白了嗎？

那摩西呢？祢不也指示他上西乃山去接受祢的「十誡」？

我說過，只有「部分」的《聖經》內容是真實的，那是關於歷史的敘述。是的！摩西的確是帶領以色列人離開埃及，他和你一樣懇切恆常的對我禱告，而我也回應了他！但所謂的十誡，其實並不存在，那不是誡命，毋寧說是當時的規範。那是摩西在山上禱告後，將得到的感動與體悟記錄下來，當時為了管理曠野中的眾人必須要有規範，摩西只是做了符合其「領導者」身分的事情——提供眾人行為規範。這些行為規範沿用數千年至今，只是，如今圍繞在「十誡」旁已經築起許多恐懼的堡壘，人類一直認為這是神的誡命，若是違反誡命便會墮入地獄。我卻要說，沒有地獄，這也不是十項誡命，而是「十項承諾」，那是通往神的道路指標……我的承諾，做為證明你已經在「回家」路上的印記。

1. 如果你正走在神的道上——你將會愛神，用盡你全部的心靈和精神與我結合為一。
2. 如果你正走在神的道上——你不會妄稱我的名，不會為了不重要的事情呼求我。並明白我的名是值得稱頌的。
3. 如果你正走在神的道上——你將會為自己在生活中預留一天記念我，以便你明白每一天都如神聖日般的聖潔。
4. 如果你正走在神的道上——你會孝敬你的雙親，因為是他們賜給你生命體驗的開始，你將為了父母，用傳承自雙親的血液榮耀他們，進而榮耀神。
5. 如果你正走在神的道上——你不會殺人。因為你明白你無法毀滅任何生命，一個人乃至一隻螞蟻，都是神聖的造化，無可毀壞，而世間也無事不能被寬恕。
6. 如果你正走在神的道上——你不會行姦淫。因為你將悅納靈魂最高的欲求，而非身體的，你會用潔淨和謹慎來使用你的身體，並視身體為神的殿堂。
7. 如果你正走在神的道上——你不會行偷盜，你明白我將會使你豐足滿溢，你永遠不需要用使人受損的方式去獲得你要的。
8. 如果你正走在神的道上——你會忠於良知，不會撒謊，甚至作假見證。你會說誠實的話，因為你知道我就住在你的裡面，而我是信實的。

9. 如果你正走在神的道上——你不會貪圖他人的配偶，你將明白何為真愛，並為真愛做出承諾，永不背棄。

10. 如果你正走在神的道上——你不會貪圖他人的財物，因為除了我和你的關係，世間沒有一切值得你貪圖的，你明白貪念將使你的靈魂遠離我。

這些是我的承諾，卻永遠不是誡命，我無需去戒律誰，你們仍被賦予無視這些承諾的可能性，因為我也給了你們自由意志。**你們終有一天會明白看清我的道路，並決定邁向前去，那時你們將會願意自我約束，於是「十誡」落實於「十諾」中。**

那祢也沒有在摩西帶領以色列人出埃及時顯現神蹟？

你說的神蹟，其實那並不是神蹟，那只是宇宙正常的回應，那是他們萬眾一心的強烈集體意志所導致的結果，只因為你們不了解，於是就像是神蹟了。

所以分開紅海的不是祢？甚至《出埃及記》中說的什麼蛙災……蠅災的，都不是因為祢的關係嗎？

分開紅海這件事情被誇大了，事實上紅海並沒有被分開，他們是踩在一道未曾被人類發現的淺礁過海，由於人數眾多，遠看就好像紅海被人群分開了。的確，摩西被賦予著過人的心靈能量用以呼求我，但是若沒有其他追隨者的意志，許多所謂的「神蹟」也不會發生。

至於那些《聖經》裡的「災」，其實只是當時地理環境所造成的氣候事件，而集體意志讓那氣候事件發生在「適當的時候」，套用在《聖經》中看起來就變成了是我的傑作。難道現在的地球上完全沒有類似的「災」嗎？現在的「災」你們明白是自然氣候所引起，《聖經》中的「災」卻又變成是神所造成，這不是很奇怪嗎？你們一定要給我派一個「審判兼懲罰」的角色嗎？

這麼說祢一點都沒有幫忙摩西？

孩子！我創造了宇宙萬物，宇宙也回應了他們的禱告，你認為我有沒有幫忙？不過與其說是我顯神蹟幫忙摩西，還不如說其實是他幫了自己的忙！讓我用你們了解的方式說明吧！

我創造了一切萬物，並且制定萬物的定律，這是「宇宙系統」，系統設定完成後我便觀察，不加以干涉。某些系統定律被你們的科學驗證存在，有些你們目前則無法驗證，只能觀察其結果。例如你們到目前為止仍然無法用科學證明「靈魂」的存在，當然更不知道宇宙正是那偉大的精靈（量子物理學有一天將會證實這一點），在那系統中預設著對一切萬物回應的機制，正如同電腦一樣具有複製與記憶的功能（你覺得人類可以發明電腦只是偶然嗎？你們和我同質，自然知道如何複製我所創造的模式，電腦就是最佳例子）；**而人們只要「用心」，就可以操控那宇宙系統，「複製」你們的思維成為「真實」**。

少數人知道操控的方法並獲得他要的，絕大多數人則用「無知」操控著宇宙系統，而因為他們對人生「無知」所引發的「恐懼連鎖效應」思維，宇宙系統也恰如其分、不做篩選的回應，因此那些無知者會發現生命是一團糟，他們一點也不知道，其實是自己的思維影響了自己的生活乃至於命運，直到他們進化到可以明白。

其實，命運是不存在的！存在的只有「你」，萬物的存在只為你，因為「你」和萬物是一體的。若你消失，則萬物也消失。你們有宗教說：「世間是為你幻化出來的。」這是對的！明白嗎？**我，「神」，創造宇宙系統和人類，而你們人類，則操控宇宙系統，你們只是不知道你們正在操控他……**

關於創造的過程，這是我聽過最簡單明瞭的說明！但祢在這對話裡已經不只一次的，針對基督教和《聖經》發表了一些會讓基督徒們抓狂的看法……我很有可能遭受基督徒最嚴厲的譴責！教會一定會指控我褻瀆神！把我說成魔鬼！

不！他們會把「我」看成魔鬼，就像你當時看我那樣！而你將會是他們口中的「魔鬼代言人」。

隨他們去說吧！《聖經》或許不全然真實，但我卻是又真又活的神！人類已經褻瀆我幾千年了，我並不在乎！你也不需要在乎他們怎麼論斷你。關於《聖經》的部分，其實有許多的基督徒對《聖經》也早有諸多疑問，只是礙於「多數人的認同」，幾乎沒有人敢公然質疑；因為沒有人敢問，自然就不需要回答，然而答案卻是已經存在千百年。或許你可以當個振聾發聵的開始，讓有眼可看的、有耳可聽的，都能重新的認識神、認識宇宙和真理！不過這些訊息可能將你放在極度危險的境地，你除了會被說成魔鬼之外，在千年以前你甚至曾經為此被殺害！因此你要低調點！

我曾因為這些內容被殺害？

當時並沒有這些內容，而是你放話詆毀了當權者引來殺機。你向來就是個桀驁不馴又不肯低調的傢伙！

呵呵！如果祢說的是真的話，看來我的個性幾千年來沒多少改變嘛……不過目前看來，在台灣，這問題應該不大，全世界都知道台灣享有民主和言論自由。就算我的神和教會的神不同，他們也不能把我殺死或是禁我的書。

是的！我知道，我會特別提醒你是因為，我清楚你根本上流著叛逆和革命的血液，一想到造反你就渾身帶勁對吧！你這樣的性格像是兩面刃，對外雖然可以開創新局，對內卻有可能傷到自己，所以千萬要記得別用個性來做事！

好的！謝謝祢的忠告！祢能再多說一些嗎？關於我上幾輩子的事，我還蠻好奇的……

我的孩子，那些已經不重要了，你這輩子能和我有直接的溝通，已經證明了你的進化了。有一天你會知道你所有前世的事情。

好吧！看來我當時的確不太聰明。

你這輩子也是……

嘿！祢……好吧！……我發現，就算是被祢挖苦也很難反駁祢，或許應該說……我也不敢反駁吧！

喔！少來了！你們常常反駁我，甚至否定我！

有嗎？

沒有嗎？你有沒有經歷過心中有「兩個矛盾的聲音」？那多半是心智與靈魂的對話；也多半，你們會聽從有經驗和知識做為基礎的「心智」的聲音，任何時候當你不依你直覺而行，你就是正在反駁我，因為**你的靈魂和我有著深深的連結，帶來上帝的聲音**。

謝謝祢教我這些，難怪我做重大決定前，經常會陷入天人交戰的狀態。現在我知道該如何選擇了。

瞧！你自己說出答案了！「天」、「人」交戰不是嗎？

對吼！祢這麼一提醒我才雄雄發現……

你們的成語洩漏了天機，呵呵！我只是讓你們知道哪一個聲音是「天」，那一個聲音是「人」。

✧ 生命的起源

謝謝！謝謝！對了！我想藉這機會解開我心中存在已久的迷惑，達爾文的物種起源和進化論是對的嗎？既然祢說是祢創造了一切。

首先在回答問題以前，我們來討論對與錯的觀念。對與錯是一種相對世界的價值分析，它牽涉的層面太廣泛；因為你們的價值觀隨時在改變，在不同的地區、不同的情況、不同的時間點和不同的人身上，都有不同的對錯標準，也因此沒有絕對的對與錯。換句話說，對錯並非衡量價值的唯一標準，重要的是你們從他的理論學說中是否有獲得進步和成長。直到現在，對許多無神論者而言，達爾文的學說仍具有權威性，而教廷則對之不予置評，他的學說是錯或是對端看解讀的人。

我的意思是說，到底是物種自行進化的還是祢「砰」的一聲讓一切無中生有？

可不可以兩者都是？你很久以前讀過的書裡有提到，是「先有雞還是先有蛋」？其實這個問題裡隱含著宇宙的奧祕。**我即為生命，我將一切生命的密碼化作你們已知的DNA藏在細胞內，然後將細胞安置在地上，每一個細胞都有自己的意識，都知道自己的功能和屬性，於是開**

始隨環境的變遷而自由演化，最後變成了你現在所看見的生生不息的地球生態。這一切的起源既是來自我，也是生命自行演進的結果，所以我說兩者都是。

那麼包括星辰的運行，氣候的變化，也都是在祢的設計與安排之內嗎？

你認為呢？否則你還能找到更好的解釋嗎？是的！一切都被我巧妙的安排著！精確和複雜到一種你們難以想像的地步。

這是為了什麼呢？我有時候真的很想知道究竟神為什麼要創造宇宙萬物？

我創造這一切，其實只是為了好玩和有趣，為了滿足我自己的好奇心。生命是很好玩的，這一點當你如實的經歷我，你就會知道。

原來祢也會有好奇心……

神不該有好奇心嗎？你以為人為什麼會有好奇心？若是神沒有好奇心，那人也不會有，因為我們是同質的；若好奇心不存在，則不要說人類的文明不會出現，甚至連宇宙都不會誕生！

我以為神是一切的萬有，自然明白知曉一切，好奇心只有在未知時才會出現。

一切萬有自然是明白知曉一切，但知曉和經歷、體驗又是完全的不同。**我可以知道自己是一切的存在，可以知道自己有無所不能的能力，但是若沒有做些什麼，則那只不過是一個未被經歷的概念**，我也會有體驗自己的欲望，就像你們會好奇的探索自己身體是一樣的。

那麼所有一切在宇宙發生的事情都是祢為了體驗自己而讓它發生的嗎？

我為了要體驗自己是神而創造宇宙萬物，透過我設置的定律以及所賦予的生命的自由，**我可以如實的體驗生命存在，而非知曉而已，我知道我就是生命本身，然而若我沒有真實的創造出我以外的生命，那我也不是生命（神）**，明白嗎？然而當我創造了生命之後，我便展開體驗和觀察。如果你問我，「一切」宇宙發生的事情是否都是我「為了要體驗我」，那麼我會回答不是，但我的確是能體驗到一切發生的事情。

為什麼不是呢？難道有些事情超出祢的掌控？或是在祢之上還有更高的存有？

不！在我之上沒有其他「更高」的存有，因為**我在的地方並沒有上下高低之分，我就是那一切本「是」的存有**。我創造、我觀察、我給予、我愛，但我並不掌控！我是為了要體驗我是神，而非為了要體驗那些發生的事。

但若祢不體驗祢是神，很多的事情也不會發生，這一切都起因於祢，不是嗎？

若你說我是那生命的第一因，便是正確的；但是我卻不是生命被創造之後所發生的所有事情的第一因。

祢可以說明嗎？

拿人類來說好了，我賦予你們自由意志，透過自由意志以及會思考的頭腦，你們可以在地上創造你們要的一切；若你們在過程中創造出什麼不好的結果，那並非是因為「神」想體驗那「不好的結果」，那並非是神的意願，卻是你們自己創造出來的。

祢的意思是，祢創造我們，然後就不管了，剩下的都是我們創造的？

剩下的都是你們創造的這句話沒錯，但是前一句不對。我並沒有不管你們，不然你以為是誰把太陽擺放在對地球而言恰恰好可以孕育生命的位置？你以為是誰讓地球的季節分明以便使生命更加多彩多姿？你以為月亮這相較於其他行星而言大得離譜的衛星，是碰巧停留在那裡的嗎？單單就是為了你們，我做了許多你們想像不到的事情，因為這全是我愛的展現！但是**若你們創造出自己並不想要的結果時，不能總是推卸責任，呼喊老天要來為你們的結果負責**。

好吧！我明白了……那麼任何的地震、颶風等天災也是我們創造出來的嗎？

孩子！那是宇宙的自然律。當然人類的集體意志有可能導致天災，但那必須要有夠多的人用夠強烈的意念去創造那份思維才能辦到；大多數在地上發生的災害，其實只是地球自然的表現。地球是活的，沒有人類時，她已經在呼吸了，她具有強大的能量。人類出現後削減了她的能量，為了讓自己恢復，便會偶爾出現一些「症狀」來自我療癒，並讓人們察覺到她目前的狀態；否則，**以人類對利益的著迷和對環境的遲鈍，會大大減低地球的壽命**。

所以人類真的會毀滅地球嗎？祢知道地球的環境現在已經被糟蹋到不行了！

不，人類是不會毀滅地球的，人類只會自我毀滅。地球曾經有過幾次的巨大氣候變化，滅絕了大多數的生物，但是地球仍在！生命仍在！**我所創造的一切都是會生生不息的。靈魂不滅，以便讓身體可以在消滅後又再生，這是生命的律動，神的呼吸！**

但我注意到人類現在正在選擇自我毀滅的道上。如果你不希望人類自我毀滅，則你現在要做的就是：從你自己開始，重視環境保護，減少污染和節約能源，做一切與之相關的事情，並且大量的邀請他人和你同行，這樣或許可以延緩人類的浩劫。至於地球，她會自己慢慢恢復的，事實上，那些滅絕生物的氣候大變化，正是地球在做自我療癒。如果我都能讓你們小小的身體有「自癒能力」，你認為我對地球呢？只是你們要減少她的負擔，就像人生病了需要休息一樣。

這些類似的話我都讀過，現在聽祢親口說出來，又再一次驗證了！

孩子！你並不是我唯一會說話的對象，我說的話也不會有所不同。**只是你們聽了嗎？你們真的肯聽了嗎？還是決定繼續用你們的頭腦和心智宰制地球呢**？你們一向善於掌控一切眼睛看得見的東西和人，所造成的結果卻是破壞與傷害！對於你們明知確實存在卻又看不見的心靈，你們的掌控力就小得多。

你們尤其是不懂愛又不用心！前面說過，人類之所以痛苦是因為缺乏了愛，但你們其實並不缺乏愛，你們向來有滿滿的愛！**只是因為不用心，沒有注意到在你身邊有多少的愛，一切都被你們視為理所當然而忽略了感恩**。從最簡單的來說吧！現在是台灣的梅雨季節，當天空下雨時，你們是咒罵多還是感恩多？你知道這個季節如果不下雨，你們的夏季將會無水可用，但是你們多數人依然在心口咒罵著，只因為雨季使你們出門事事不便！

如果在最小的事情上你們都看不到愛，那更不要說你怎麼能感受到其他的？要知道，一切都是我所賜予的，一切都是我的愛！是的，即便是那些被你們稱之為惡運或天災，也是因為你們只看見傷害和損失，而看不見背後的祝福！我所設定的宇宙定律會讓自然界的一切保持平衡，一種你們無法想見的微妙平衡。當被迫失衡一段時間後，它們會進行自我療癒，也就是你們所謂的「大自然反撲」所形成的「天災」，其實一切的災難事件，你們都是始作俑者，卻把責任推給了神。

✧死亡的真相

這麼說來，人類的確是該為所有的災難事件負責了。

人類一直自以為是地球的主宰，卻不知道真正的主人其實是地球。畢竟你們不是活在其他星球，當地球不再忍受你們的苛待，你們就要哀哭切齒了！

不過，就算人類該為環境破壞負責，那麼那一些在地震、颱風、海嘯……等災難喪生的人也是應該的嗎？祢知道最近十年來台灣、日本和大陸都有大地震，東南亞甚至有大海嘯……都造成大量人口死亡……難道所有的災難都是因為人為破壞環境引起的嗎？

我明白你對這些事情的無力感，事實上，這些都是可以避免的，我說的是，這些人可以不死的。很多的傷亡是可以避免的，如果你們人類有注意到一些「徵兆」的話。

你們已經發展出氣象預報，可以知道何時會有颱風，有沒有可能淹水或造成其他的損失，以便可以預做準備或是躲避。在還沒有這些預報工具的時代，人們觀察天象、雲彩或自然中任何的異狀，來躲避天災；但自從人類開始有科技的能力，你們便斥這些為古老荒唐。

我給了自然界中的動物預知危機的能力，因此當地震或颱風、海嘯發生前，牠們行為會有所異常；人類其實也有這樣的能力，但為數不多，畢竟你們太仰賴科學了，甚至不願意信任直覺。那麼，信任那些動物吧！牠們似乎比你們更珍惜生命！起碼，牠們不會懷抱著僥倖的心態嘗試要和大自然對抗。只有人類自認為高於萬物，竟然認為可以與自然界抗衡。

我要說的是，任何一項天災都有預先的警告，包括地震。你們說地震沒有預警，其實只是你們的科技還沒有能力發展出確實的地震預測系統，但預警是有的！你們若是肯看看動物們的表現，就可以救你們人類同胞的命！但是你們不願意，你們斥之為無稽！**你們人類驕傲到只信任自己的科技，完全無視於我所造萬物的神奇，然後當災禍上身，你們又將這責任推到我**

身上，說這是「神的作為」。你們有些人甚至因為利益的關係，用不當的材料建築房舍，以至於讓小災難擴大，這更是僥倖與驕傲的心態。

但我無需去譴責你們，因為宇宙與自然是無可抵擋的，有一天你們會發現，自己的所做所為到底是否對你們有益。要知道，凡是你忽視內心的平安與直覺，也就是忽視了我，就是正在讓自己陷入災難中。**平安與直覺是我安置在靈魂裡的紀律，失去了紀律，悔恨難免發生！**

好極了！所以那些死去的人還真是該死！不是嗎？

你以為我不知道你這是在諷刺我嗎？我實實在在告訴你，在宇宙中是沒有「意外」或「偶然」的，所有一切的發生都恰如其分的展現，包括你們所稱的死亡。你看著成千上萬的屍體心痛，並為他們感到哀傷，我可以理解，但是你卻不該為此控訴老天，因為你並不明白宇宙的法則，更不明白死亡這一回事。

地球上的自然災害其實不能稱之為災害（人為的除外），那只是地球的調節、成長和呼吸，只因你們身在其中，遭受了波及。但這並不影響這個星球的律動，這是宇宙的法則，**當法則運作時，的確無視於「死亡」的發生。**至於那些因為這些「災害」而死去的人，在你看來，似乎他們的人生被迫中斷，在我看來卻是他們重生的開始。若要我說，他們比你們幸運多了！

關於「死亡」，你們有太多的誤解，眾多宗教已經加諸太多的恐懼在「死亡」上面。事實上，死亡並不需要恐懼，既不會有審判，也不會有地獄，他們會進入到絕對裡，在那裡只有平安和愛……那是唯一的真實！

我說過，**這個相對世界只是個幻象，當靈魂脫離肉體，也就進入了真實裡，人類陷在幻象中甚至以假為真。**你之所以感到哀傷，是因為你們不懂這些，但是有那麼多的人曾經經歷死亡又回到世界，並且用不可否認的清晰語言向你們訴說死後的經歷，你們卻不接受，甚至否定，只因為「科學」無法驗證？我的孩子呀！你們的小腦袋瓜裡怎麼可能容得下宇宙智慧的浩瀚呢？你們的科學說穿了，不過就是物理化學的多重轉變應用，這些都是虛幻世界呈現的運作法則而已；你們甚至無法透過數學算式計算出靈魂的存在，更不要說明白靈魂在脫離肉體後的經歷了。若連靈魂這樣真實的存在體，你們都無法驗證，又怎能說人類的科技無敵呢？**或許，是該人類學習謙卑的時候了。畢竟在「死亡」發生時，你們才會知道自己有多無知……**

既然死亡是一件那麼美好的事，那麼終結他人生命其實是幫忙他了？

這只是你小腦袋瓜膚淺的解釋！死亡即便再美好，也不應該透過另一個生命體將之終結。你要問的是「殺人」的合理化對吧？不！孩子，任何一個具有高度智慧的生命體都會明白，殺人是不對的；不論是為了什麼原因，都不應該終結另一人的生命，儘管你可以有自由意志做這件事，但並不代表那是對的，那只證明殺人者是一個尚未進化的靈魂。

那即使是被判死刑的人？即使是無惡不作的傢伙，也不該死嗎？

你們一直要合理化自己的行為，我不為你們下判斷，問問你們自己，你們真的覺得以暴制暴是可以達到世界和諧的目標嗎？暴力就是暴力，**以一種暴力終結另一種暴力，並不會改變本質，改變的只是假象，直到制暴者也成為另一個施暴者**。有一天，你們終究會明白，所有一切的發生都可以寬恕，到那時，就連施暴者也會進化。

我們該救助那些因疾病而瀕死的人嗎？即便已經知道來日無多，或是知道他根本不會醒的人。

你要問的是關於安樂死吧？關於這一點，我有很多的話要說，但不是現在，不是在這一本裡。關於疾病，圍繞著你們的健保醫療體系已經陷入嚴重錯誤的價值觀中，造成許多人的災難。那才是真正的災難，下一本裡，我將針對這方面做更深入的討論。

✧創造的祕密

還有下一本？

是的！難道你以為回答這麼一點問題就可以幫助到許多人的生命嗎？你太天真了！人類在這個幻象中，問題是很多的。尤其是那麼多的人渴望擁有健全的生命，但卻讓自己在無知中陷入困境。

這麼多的問題，我怎麼能提得出來呢？還有，真的會有人看嗎？

你能的！你不會以為你過去的遭遇都是白費的吧？你的經歷已經足夠代替大部分年輕人提問了。這些內容不但會有人看，而且會被大幅宣傳，以便幫助更多渴望獲得解答的人。我會將這本書盡可能的簡化，讓回答言簡意賅，頁數也在適當的範圍內，因為有太多的人並沒有閱讀的習慣，較少的頁數反而更能有效傳遞訊息。

那祢為什麼不透過電視媒體？例如弄一個頻道叫「上帝頻道」宣揚祢的訊息呢？豈不更快？

你這是在逗我嗎？當一個人不真心尋求協助，就算是神透過電視媒體也無力幫忙啊！我當然可以透過頻道，而且我已經這麼做了，只是幾個人真的接受了呢？我透過你的文字，能傳遞的訊息要比我已經透過頻道「轉譯」的訊息要清楚多了！很遺憾，他們「轉譯」的大多都不是我的原意。**我愛每一個人，我甚至知道哪一些人會讀到這些資料，我認識他們！那些讀到的人就是即將起程尋找真理的人，我不會讓他們的希望落空的，因為我聽到了他們深深的嘆息……**

我想，我最好做好準備當祢的代言人。

唔……與其說是代言人，不如說是信差。郵差不是寄信者的代言人，只是遞送信件的人，但你卻會是一個好郵差。

好吧！能當神的郵差……好像還挺不賴！祢說了一堆關於死亡的事，那麼對於活人呢？談談人際關係好了，關於人際關係，祢的建議是什麼？

活在愛裡，用愛、用感恩，而非用恐懼和目的性、預期性的去面對一切你們的人際關係，不論是家庭、伴侶、同事或是其他任何的人際關係。讓自己說真話，表現真實的自己，並且實實在在的做事，時時刻刻活在感恩裡面。

你們所謂的一切「人性黑暗面」都是源自於恐懼的幻象，除非能除去這個幻象，否則「生之苦」的延續是不可避免的。要去除這個幻象，只需要「感恩」。即便你看不見可以感恩的地方，即便在你遭受了極大的創傷時，即便是在你對人性絕望之際——當你用「感恩」的心過生活，甚至可以消滅恐懼！用心在愛裡面，「用心」去看見你所獲得的其實就是愛，「用心」去發現你擁有的就是愛，「用心」去感受你正活在全部的愛裡面。

不論其他人怎麼稱呼或解釋某個事件，重要的永遠是你自己怎麼解釋。你若都能從每一件事情裡看見愛，並且對之感恩，你就是走在覺知的路上了。你將會變成磁鐵，吸引一切你所需要的人際關係或是任何你要的一切，並且你將會遠離災厄。

但是我們若被欺騙、被傷害、被迫受害……也是愛的展現？也需要感恩？我很難相信人在受苦中依然能保持風度，特別是那些苦來自他人時。

我說過，**那些都是你們選擇的用詞，是你們發明出來的解釋**，以致讓這幻象如此的逼真，在終極實相裡是沒有這些的。但是我明白你的意思。我想表達的是，那一些被你們稱之為欺騙、傷害、被迫受害的事件，其實都是你們自己用「意念」吸引來的，不論是有意識或無意識。因為你們早已遺忘關於一切人生的實相，忘記你們起初來世界的目的。在遭受所謂的傷害與痛苦後，你們甚至認為你們「必須」要通過那些「事件」來學習，以便讓自己在經驗中進步，於是那些讓你「學習」的情況就會一再出現！因為你是如此的「要」那經驗！

下次當你不喜歡或不希望某事發生時，不要再說「我不喜歡……我不希望……」，**讓思想立刻跳開！選擇那個你所希望的、所愛的！並且不要輕易改變所選擇的想法！一直這樣選擇！你就會發現，生活中會逐漸出現你所希望和所愛的。**每一個人都可以這樣做！這個力量是對每一個人開放的。

你們有太多人用自己的腦袋讓自己受罪，而且有如此多的人利用痛苦來學習，我要說，這是完全不必要的！所以我才說，我並不希望看見你們受苦。而如果有受苦這個東西的話，卻實實在在是你們自己製造出來的；至於你們另一批人則是經歷了痛苦也學不到任何東西，他們多半要來這世界很多次才能把自己還給自己，以便讓自己圓滿完整。**而只有明白自己是圓滿完整的，才能夠與他人分享其圓滿完整**，這乃是所有大師在做的事情。

我從小就被告知，要從經驗裡記取教訓，人生是一所永遠畢不了業的學校。

如果你把他當作一所學校（這也是你自己決定的），則你難免會遭遇一些令你深刻的「學習經驗」，不論那是痛苦的或是什麼，以便你可以獲得你「要學」的教訓。宇宙是很實在的，你怎麼宣告，他就怎麼反應。你也可以不把他當作學校，則沒有任何東西需要學，你也就遠離了那些經驗、那些苦。我不會稱那經驗為「學習」，**我會將它稱之為進化或是成長。因為學習只是過程，進化才是目的！**若你將焦點放在終極目標——進化上，你將不會執著於學習到什麼，**因為不論何種情況都包含讓你進步的機會**，這樣，你可以用你全部的身、心、靈，實實在在的體驗活著的感覺，則那名副其實就是天堂了。

地球就像個競技場，不學習任何經驗，那我們怎麼競爭？我們所見到的自然界是弱肉強食，人類也是一樣，大企業併吞小企業，錢多的欺負錢少的，學歷高的排擠學歷低的，能力強的贏過能力弱的。不透過學習，我們怎麼應付這麼多的競爭對手？甚至連生存的基礎都得不到！

會有那麼一天，你們都不需要競爭，那就是人類大覺醒的印記了！但目前地球的確有如競技場一般，上演著一幕一幕的「生存秀」。既然你提出了「弱肉強食」這個詞，就讓我為你用這個成語說明。

在草原裡，獅子就是獅子、豹就是豹、羚羊就是羚羊，牠們活得本來如是，因為牠們也不知道別的。獅子的表現就會有獅子的樣子，豹也是，羚羊也一樣。**獅子不需要透過觀察豹來學習狩獵技巧，羚羊不需要看其他的鹿才能學會奔跑。牠們活得本來如是，沒有可學的，生活只是享受活著而已，一切只是本能。而人類自詡為萬物之靈，卻一直活得像別人：你們向老師**

學，向自然界學，甚至向動物學，卻唯獨不向自己學！你們自己為人類定下的「本能」，其範圍小得令人吃驚，以致你們「必須」要學習！

羚羊不也是要和獅子競爭嗎？不然就會被吃掉……

是的！那是我所設定的自然規則，那被獅子咬死的羚羊進入了永恆裡，回到我身邊繼續選擇下一段歷程，而那隻獅子則填飽了肚子繼續草原上的生活。競爭一詞只是人類的解釋，因為你們只看到了膚淺的表象！其實人類商場上的掠奪廝殺一點也不亞於草原上的野獸，**甚至對同類你們創造了更多「非自然」的痛苦，只是你們懂得為自己披上道德的外衣**。與動物有所差別的是，你們與生俱來就有全知全能的創造力，動物卻沒有。可惜的是多數人眼睛都是往外看，因此並不知道全知全能的力量就在自己身上，還以為必須窮畢生之力不斷學習，不然就會被「吃掉」！

你說我有全知全能，但我感覺不到！我又怎麼能向自己學習原本我所不會的？

所有的一切你們其實都會了，只是你們遺忘了，而且你們也沒去選擇「宣告」你們「要會」，因此就經歷不到它。就像你這個問題一樣，你們告訴自己和別人「我不會」、「我不是」、「我不能」，因此你們從來沒開始那個導致「完成」的圓圈，而讓一切你們所要的窒礙難行。

讓我舉個例子，你騎過單車嗎？你們以為要學會騎單車就要先「有」一部單車，然後你去「做」騎乘的動作，最後你有了「是」會騎車的能力，是嗎？不是的，在宇宙裡不是這樣運作的，恰好相反。你必須要先宣告我「是」會騎車！然後去「做」得有如「是的」那樣，最後你才能得到「有」的經驗和能力。遺憾的是，**多數人都是選擇「眼見為憑」，看到「有」什麼出現了才相信，才肯行動，也因此白白浪擲了寶貴的創造力！**

✧「祕密」的實踐

可是如果我宣告我「是」個會騎車的人，但是實際上卻沒有一台單車可騎，我又該如何呢？

那就在你的內心先創造（想像）出那台你想要的單車！毫不懷疑的相信你已經擁有它，並為之付出感謝。當你這樣做，你已經啟動了宇宙那神奇的精靈來替你完成。宇宙會接收到你的想望，用不可思議的方式將你要的帶到你面前，遲早那台單車會分毫不差的出現在你生活裡。不過請注意，**如果你中途改變心意或是放棄，宇宙也會滿足你，你就不會得到你要的。**

我聽過這個，在《祕密》這本書和影片裡有敘述過這個。但是，我仍然要問：有那麼多的人沒有經歷到「獲得」他們想要的，這是怎麼回事呢？既然祢說宇宙一定會為他完成。

孩子！在你們的相對世界，有很多事情並非是立即當下產生的，你們有所謂的時間存在；而在宇宙是沒有時間問題的，對你們而言的幾億光年，在宇宙也不過就是一瞬間。宇宙其實已經為他完成了（在你們祈求之前，我已經應允了），只是它出現在相對的世界裡需要有時間的緩衝，因此沒耐心的人會感覺到願望沒實現，甚至說神沒有回應他的禱告，接著就放棄了！我的孩子！**要有耐心，我不會不給你你要的，不要中途變卦。不要對我失去信心。耐心，從來都是一件好事情。真正的大師從不急躁，永遠知曉並感謝我已經為他完成了。**

即使是我們心知肚明不可能的事情，祢也會為我們完成？

如果連你自己都知道不可能，你怎麼能要求宇宙替你辦到？**你不可能欺騙宇宙！**

可是《聖經》上說，在人是不能，在神凡事都能。

在神凡事都能是正確的，但是前一句話錯了，其實人也能！這句經文豁免了人類自我創造的可能性，卻讓神再一次的承擔一切！事實是，**如果人不「能」，那神也不會「能」，因為人和神都是一體的，我們是同一塊料！我們是創造的合作夥伴，沒有你們的意願，則我也無事可做！**

所以「天助自助者」的觀念是對的！只要照著宇宙的創造程序加上耐心，就一定會獲得想要的，是吧？

是的！只要你堅持不斷的針對你所愛的去宣告、去選擇！讓我說一個你自己的例子吧！這是關於你自己在小時候無意識下引發的「創造程序」和「耐心」的小故事，可能你自己都忘了……

記得在你十歲還住在苗栗時，你和所有同年齡的孩子一樣很「渴望」有一輛屬於自己的單車，但是你並沒有。你羨慕有單車的孩子們可以快樂的馳騁（羨慕也是一種強而有力的宣告，忌妒則否），你偶然見到收破銅爛鐵的資源回收車上有一台廢棄但可騎的單車，你並不介意，因為那是一台「可騎」的單車。你當時還不會騎，但是因為你極度渴望「擁有」一輛單車，於是你說服了父親以很低的價錢買下來（你終於獲得了你一直想要的，願望實現）。當天下午你就急著「體驗」那輛單車，儘管你從沒騎過單車，但你還是「選擇」跨上去，你歪斜著車身，站立的踩踏踏板，你跌倒，膝蓋磨破皮，屁股摔得很痛，但是你「依舊」繼續騎，你還記得你當時心中的那個強烈的信念嗎？「我一定可以騎它！」你是那麼的**「不懷疑」**！然後你繼續跨上去，繼續跌倒，上去……又跌倒……你的信念讓你就是表現出一副「是」會騎的樣子，甚至跌倒也不能令你放棄！最後你「真的」會騎了！在短短的二小時之內。你心中的「是（那份已經完成的信念）」，再度成為了你的真實。是（信念）、做（經歷）、有（成就），圓圈完成！

原來如此……我的確忘了很多的細節，謝謝祢提醒我！

在這例子中你以為是你「學會」的，請問你跟誰學的？其實你在無意識中早就已經「會」騎車了，你只是在透過「騎它（經歷）」的過程喚起你本來就會的東西。除了這個，任何一種被你們稱之為「學習」的事情，都是這樣的運作。有了這層認知，你們在「學習」任何事情上都可以快得多，不是嗎？

我讀過一本書叫做《天地一沙鷗》，書中有句話說：**「在你起飛之前，要相信你已經到了。」**似乎說的就是祢現在所要表示的。

是的！理查．巴哈是少數能將此深刻真理簡單描述的偉大作家之一。

但是祢知道，越簡單的真理越容易被忽略，有很多人在面對新問題時，仍是那麼的害怕與猶豫。

你們**有些人在做一些過去沒做過的事情時，習慣性的會說「我不會」、「我不是」、「我不能」，一開始就這樣對自己宣告，其實就是放棄去「記起來」他本來就會的東西。**他寧可活在「遺忘與無知」中，而宇宙也如實的讓他經歷繼續的無知和遺忘。如果你從起始以來就宣告自己「不是、不會、不能」，而讓自己活在完全的「無知」裡，則你什麼都不可能創造。

呵呵！我注意到世界上很多這種人。

事實是不少。但其實**我並沒有創造垃圾**，每一個人都有如神一般獨一無二的創造力，除非他拒絕使用。

所以正確的活著就是：讓人簡單的「做自己」、去創造自己的人生，而不需去和他人比較，就像現在很多心靈老師所教導的？

沒有所謂的正確或不正確，但是我知道你的意思。是的！每一個人都具備獨一無二的天賦和創造力，簡單的做你本來如是的自己，然後不斷創造和進化你自己！永遠先關注自己，而不需要去和其他人比較，這樣對自己有利，對他人也有益！因為，富有不一定比貧窮好、小企業不一定比大企業差、學歷高不一定勝過學歷低的。

你已經發現到，你們任何事物都存在有正反兩面的意義，**「比較」是一種相對世界的幻象，是更進一步使你們加深痛苦的幻象。**若你讓自己活在絕對的覺知當中，你就不會比較，因為沒有得比較！一切都是一體的！你會發現自己就是自己，一切你所見到的都是你自己的一部分，沒有分別。你是如此的一切具足、圓滿無瑕、沒有匱乏。如果你可以讓自己過這樣的生活，**在所有的事物中見到一體圓滿和完美，則你做的任何事情都會理所當然的被完成。創造是當下的事情，而沒有大小事之分。**

只關注自己會不會太自私？

我說的是「先關注自己」，不是「只關注自己」！你可以再讀一遍看看，然而多數人的確都誤解了。「只」關注自己意味著排除他人，雖然那不「該」是群居的表現，卻不能稱之為自私；那只是一個不願分享的靈魂，卻並沒有造成他人負擔。然而**若你不「先」關注自己，遲早會變成他人或社會的負擔，那才是真的自私！**

負責任的真意是「先滿足自己」、「先自我承擔」，然後才去看看能做些什麼！而非先承擔他

人或滿足他人，因為你不可能給出你沒有的！若你非要給出，則多半是出自於「虧欠」的心態，前面說過，凡虧欠的還要再虧欠……必須要先讓自己擁有，你才能開始分享！真正的大師都是先滿足自己的，但卻不會被稱之為自私，因為他們明白這個道理。

既然祢說我們遺忘了原本的自己，那現在我們又怎麼知道該如何做自己呢？

透過想像！「想像力」是我賦予人類最大的禮物之一！它能創造奇蹟！你們有一句廣告詞「想像力就是你的超能力」記得嗎？它揭露了偉大的祕密！因為想像力就具有無比的創造力，所有一切人類的文明，一開始都只存在想像裡！**「如實一般」的想像就是在對宇宙做強而有力的宣告，若你不知道自己是什麼，則透過想像創造一個；**若你不喜歡原來的自己，則再創造一個！透過不斷的宣告你自己要成為什麼，然後去做那個「你是」的動作。若你一定要完成某事，則宣告自己你是！你是！你就是那最佳的人選！並感謝那事情已經被完成。如此，則你可以在任何領域裡成為大師。

我曾不只一次的說過，**人生是一場創造的過程；你怎麼創造，你創造什麼，你賦予人生什麼意義，完全由你決定！因為我給了你自由意志去盡情創造，因為我創造生命以便讓你賦予生命意義。**

但是似乎有很多人活得一點目標也沒有，甚至不知道生命的意義與價值。

他們不是缺乏目標，他們只是缺乏信心和愛。人類有一種本能是如神一般的，就是要去變為更好的自己，要去更進化自己，朝向神的道路邁進。你**若問那些看來似乎是沒有目標的人：「你有夢想嗎？」幾乎都能得到滿滿的答案！他之所以不做，只是因為他「不相信」他能做到**，其他諸如太累、太難、太苦都是其次的原因，因為當你真的決心開始去做，一切都無關緊要了。

信心的缺乏又源自於對「愛」的無知，「只要有一粒芥子的信心，你就可以移山」；這是愛的力量所推動的，**愛才是信心背後的力量**！因此，去愛，去愛一切值得你愛的！去愛那一切你不值得愛的！去愛一切你讚美的！也去愛一切你所詛咒的。只有你能夠在所有的面向當中看見愛、展現愛，你才可以讓「爾旨承行於地上如於天焉」……阿們！

我記起來在《聖經》裡，耶穌曾經說過「要愛你的敵人」，指的就是這個意思嗎？

耶穌闡釋了偉大的真理，是的！但是我注意到能這樣做的人不多。事實上是太少了，**人類迷失在相對的世界裡，沉淪在分別你我、好壞、喜惡的相對幻象中，不明白萬事萬物實為一體，讓自己陷入了「心靈的牢籠」**。經上說**「萬事都互相效力，叫愛神的得益處」**，這是對「一體」的觀念所做的最佳闡釋，但是很多人仍不明白。所以我們還有很多事情要做不是嗎？所有有耳可聽的，聽吧！所有有眼可看的，看吧！千百年來，我沒有改變對人類的愛，**我一直在等你們，等你們明白，直到你們循著道路，找到我，和我合而為一。**

嘩！今晚祢真的談了好多！我們聊到了金錢、政治、環保、創造的關鍵，宇宙的實相，還談到了《聖經》和愛。而且祢是那麼的滔滔不絕又言簡意賅，好像早就有答案似的，祢真的是……很神！

我本來是！

聽人家說的還不如直接聽神的，呵呵……

你又在比較了。

抱歉……祢知道嗎？所有的這一切對話都令我很感動！讓我無比的明瞭，解開了我許久的疑惑，就像在沙漠中遇見甘泉一般……我要為祢獻上我的禱告……我們在天上的父啊！願人都尊祢的名為聖，願祢的國降臨。願祢的旨意行在地上如同行在天上一般，我們日用的飲食，天天賜給我們。赦免我們的罪，如同我們也赦免虧欠我們的人，不叫我們遇見試探，救我們脫離凶惡。阿們！

我的孩子，你的禱告已蒙應允了！你的信救了你！
如果你夠細心就會留意到我的信息！起來出去走走吧！你已經關在家裡三天了！
我要你出去看看我美麗的創造，你住在淡水河邊，卻似乎沒有注意到她有多美！
去淋淋雨吧！感覺那溫度和拍打在你臉上的節拍。
去看看淡水河吧！數一下有多少魚兒躍起水面？
去觀察一下早上的露珠吧！
看看那光線美麗的折射……去聽聽河岸的風聲吧！
那是我在對你說……**我愛你**……

✧自己的選擇

今天我見了幾個朋友，和他們分享了一些祢所說的那些觀念，但似乎有些曲高和寡。儘管如此，這些觀念卻已經深深打動我的心，也讓我決定應用在生活中！和祢對話以後，我已經很確定，沒有辦法再用和從前一樣的方式過生活、說話和交友。我該用怎樣的心態面對我在人際關係上的變化？

當一個人走在覺知的路上時，很容易有「和這個世界格格不入」的感覺。你們的哲學家向來朋友都是不多的，這並沒有好或是不好。如果你喜歡用我的觀點來生活，則這一切都只是過渡時期。就像之前所有前來世界的天使一樣，你會遭遇各種的不適應、他人異樣的眼光，甚至嚴重的非議（若是在古代，你甚至還會被殺），如果你仍然堅持如實的扮演你所要是的角色，則最後你會被高舉；於是，你就會發現，匠人所棄的石頭已做了房角的頭一塊石頭。

你的「朋友」們都是過去在生意上和你有過往來的人。商場上儘管可以用「愛」來包裝，但是在商人的眼中，看重利益還是多過其他的，也因此你會發現，當你離開商圈，友誼也就消失了；而當初的「愛」也因此被證明只是手法和策略，因為真愛是不會受距離和時間限制的。

同樣的情況也會發生在上班的環境，人們會和你互動並且產生信任和喜愛，不是因為你是什麼樣的人，而是因為他每天都可以見到你。當你離職或轉換工作，原來要好的同事和你就漸行漸遠了，儘管偶爾聯繫，感情也會不如以往。

相同的狀況像親戚、鄰居、同學……皆是如此！而**不可思議的是，這一切都被你們看作如此的正常！**因此在我看來，人類的社會裡並不存在真正的友誼。差得遠了！你們還沒有進化到領略什麼是真正的「友誼」，如果那可以被稱之為友誼，那你們的標準都太低了！**你們所謂的「友誼」其實只有利益（任何形式的利益）的交換和往來的互動，**更不要說還有各懷鬼胎和算盡心機的包裝。**你們創造的關係頂多只能稱之為「夥伴」而非「朋友」。**

你可以發現，「夥伴」指的是相較於一生中較短暫的關係，**真正的朋友是不會因為你的職業角色或觀念的變化而有任何的對待差異，也不會因為距離遙遠或時間長短而有情感上的疏離，更不會對你有任何期待與要求。他們只是愛你，要讓你做自己，並且願意真正以信任、誠心、接納來和你互動。**如果用這個標準來看，你現在其實是沒有朋友的，因為你過去也不曾用我現在所說的「友誼」去和人互動，這是你過去的選擇所形成的。

我說過，你怎麼選擇就怎麼經歷，而現在，你說要選擇用我的觀點來創造你的人際關係，則你必須要有「忍受」好一陣子孤獨的能力才行。畢竟，**當你的心念意向產生變化後，儘管你面目相同，但其實已經是一個新造的人，並不是從前的你，而過去的人將再也不認識你了！**

如果你夠堅持，就會漸漸吸引和你有類似能量的新朋友，你們一樣可以有商業往來或是其他的關係，但你只選擇用真愛與真誠與之互動，並宣講、實踐你的真理，做你如是的自己，不久你就會見到被眾人高舉的時刻。

我並不在乎是否被高舉，祢知道的，現在在我眼中看那些都是虛榮心作祟，顯得很假……我現在喜愛的是，可以傳講祢的真理而非背後的附加利益或榮耀，那一些在世間都是短暫的，而且我不認為傳講真理應該要受到多大的禮遇或收取多少的金錢，真理應該是人人可得的，甚至應該是免費的……

利益或許是短暫的，但榮耀則否，耶穌就做了最佳示範。類似的典範還有許多，他們的共通點就是，「不求榮耀自己」反而獲得了無上榮光，這可以給你一些指引的方向。

你認為傳講我的真理應該是要免費的？嗯……你真是個大方的人，但是你對人類生活的「模式」還看不透澈，你儘管可以把我的真理免費供應人們，但你一人是無法產生多大的效益的！你會需要你的「人類夥伴們」協助，而他們可不這麼認為，他們活在「經濟需求」的實相裡，要他們免費服務，我現在就可以告訴你不可能！大多數人的精神尚未進化到可以超越利益！儘管他們可以「裝得好像是」，但不管你用什麼方式傳講這些內容，沒有一樣是不需要花錢的，除非你夠富有，否則你最好為每一本書、每一場演說定出個價，而且你需要聘請良好的推銷員和你一起工作。

一定得這麼做嗎？我是說，我們現在好像是在討論一個生意似的，這會讓我覺得太市儈，畢竟我是在傳講祢說的話。而這是……好事。不是嗎？

你從哪裡得來做好事不必收費的觀念？你們的價值觀是如此的矛盾，既然認同使用者需付費，為何好事就不需收費？**有這麼多的人在做你們所稱「壞」的事情上賺了大錢，你們反而認為正常**。如果你不收費，人們將會不在乎你所傳講的，因為**大多數人對於白白得到的多半不知珍惜**，這一點從你們並不珍惜我擺放在地球上的自然資源就可以知道！

我實實在在告訴你，你不但必須要收費，而且我要使你富有起來，以便你可以將獲得財富的知識和力量與更多人分享，創造一個身、心、靈真正富足的人類世界。這世界是充滿了這麼多像你一樣等待真理幫助的人。

祢是說，祢將使我變得富裕？

那要看你對富裕的定義是什麼，你現在已經在富裕中了！我知道現在對你而言，富裕即是金錢。是的！你將變得有錢，但那是你所選擇的，並不是因為我的關係，你在對話之初不是就已經宣告了嗎？我告訴你，不論是這場對話，或是你的財富，又或是你的人際關係，你的一切一切，都是你自己選擇的。都是你搞出來的！不是我！

嘿！我搞出來的？等一下！等一下！我明白祢所說的「選擇」的意思，但祢是說這「對話」是我自己搞出來的？我現在其實是在跟我自己對話？不是跟祢——神？

你真是一個小信的人！這是你自己的想像或是出自於神的話語重要嗎？這只是一本小說或是一本什麼別的書重要嗎？我根本不在乎你們怎麼看它（最好你也是）。**你們有太多的人如此看重「神的話」卻在行為上悖離！**現在，我倒寧可你們「看看」這份對話是否對你們的生活有用！我說過，**你們汲汲營營於過去的事件，卻對當下視而不見！如果沒有這些對話的出現，你認為你能為自己的人生開創更高的意境嗎？你能讓自己活在完全的自由裡嗎？還更不要說解決你現在正陷入的困境。**

不能……我知道了，我只是想確認這不是我的想像。

其實這全是你的想像！

什麼？？？

還要我再說一遍嗎？好啦！好啦！放輕鬆，即便是想像，也是我們共同的創造，這樣你可以放心了嗎？

其實，坦白說，我對於能和祢有個對話仍然存疑，我仍然不確定這是「我自己」寫的，還是「神」透過我寫的……畢竟我一開始只是做一個萬般無助的禱告……卻在沒有預期下，「祢」的思想就進來了……

你的自我向來都是多疑的，這多疑乃是基於恐懼，然而無需恐懼更無需懷疑！就像這份對話一樣，你此刻正在自問自答不是嗎？這既是你寫的，也是神寫的，這是我們共同的創造，因為這是你和神的對話，你聽到了神的話語。

聽祢這麼說我就放心一大半了，我幾乎不敢跟任何人說我正在和神有個對話，更別說可能出版它了……我一定會被罵是得了妄想症的瘋子！甚至被說成魔鬼！

沒有魔鬼，但你是瘋了！這我可以確定！

我瘋了？

你沒聽過「上帝要毀滅一個人必先令他瘋狂」嗎？當你開始感覺「活在世界卻不屬於世界」時，你就離瘋狂不遠了。只是這一次，會被毀滅的只有過去的你，而上帝要成就一個人時也會令他瘋狂……的喜悅！

呼……祢讓我鬆了一口氣，但是我仍然擔心有人會說我褻瀆，企圖冒神之名中飽私囊。

我說過，人類褻瀆我幾千年了，世界上冒神褻瀆的也不是只有你一人，你企圖中飽私囊也沒有什麼不對，畢竟你有用什麼心機或手段來獲取什麼不屬於你的東西嗎？

我沒有！

有誰將會因此受到損失或傷害嗎？

也沒有！

既然如此，又為何在乎他人的觀點呢？不需要擔心，孩子！就算他人毀謗你又如何呢？隨他去吧！要知道，**止謗莫若無辯。靜默的聲音是最響亮的**！任何時候當你遭遇非難時，保持緘默，甚至當你即將湮滅時，也保持緘默。因為我是如如不動又無聲無息的，只需向內對我呼求，我就必來搭救你！

聽起來有點像《聖經》裡「使徒」的味道！搞不好有一天我會因此「殉道」……

沒有你想的那麼嚴肅，也沒有殉道那麼嚴重。其實你只是在扮演你自己所「是」的角色——一個郵差而已！你聽過郵差送信需要「殉道」的嗎？

沒有！但我仍然清楚這是一項艱鉅的挑戰，我太清楚人們可能會有的妒忌、非議和情緒性……

小子！不要害怕！要知道，我是神，是那最偉大的創造者與最弘大的愛，我既無可毀壞也無可抵擋！任何事情若你認為「是」該做的，「是」你要做的，就大膽的前進！我將看顧你。而我也承諾你，你將毫髮無傷！**但是你卻必須牢牢掌控好你的「自由意志」，它已經受制於你的「小我」太久了，這是你唯一的挑戰**！你要令心智小我臣服！從今天起，**傾聽你的靈**

魂，由你的靈魂做主！

✧靈魂的紀律

是的！其實就算祢不派這任務給我，我也早已了解到「降服小我」就是我今生最重要的工作之一。我已經吃小我的虧吃太久了！祢知道嗎？有時候我甚至認為我的小我就是那魔鬼……很多時候，都是領我到那痛苦或後悔的結果……

關於你的小我，在接下來的日子裡將會面臨更多的試探與挑戰，你只要**安住在感恩與寬恕裡，用全然的愛意去接納、觀察**，很快地，小我將會無條件投降，那時你的工作將可順利進行。

我又怎麼知道這整份對話不是在跟我的小我說話？小我也會幻化出神聖的假象。

你又來了！你可以一再的讀它，再三的去體會這些對話帶給你的感受是愛多還是恐懼多？**小我向來善於操弄恐懼，而直覺是靈魂的眼目，能透視一切小我的伎倆！平安是靈魂的紀律，能保護你不致偏移！相信你的直覺，除去了直覺，你將走入小我鋪設的險境！**要降服小我，你可以將這本對話再詳讀幾次，對於這個由小我所掌控的世界，這一本書有著無比的重要性。

謝謝！我其實剛剛是鬧著玩的，但是祢依舊不厭其煩的為我解說。謝謝祢！祢的談話帶給我的都是愛和喜悅，我甚至可以說這是我今生頭一次活在滿滿的安適、無缺和感動裡……

你要將這份安適與感動帶給人類——透過你的文字！而現在，你要獲得的將不只是如此而已，你要欣然接受隨之而來的富裕，因為你既然已經明白了金錢的奧祕，便要去做一些對人類有貢獻的事，並且從中獲利，以便創造出更多的貢獻！過去你在物質層面上未曾享有的，現在你將擁有！凡你所需要的，在你乞求之前，我都已經應允了！我將白白的給你，而你要捐出你收入的十分之一給真正需要協助的個人或團體，則天上的天使都將為你吹響號角喝采！

原來教會宣導的什一捐真的是必要的！

「必要」接受捐助的是那些急待幫助的人，而非教會！**人們以為興建宏偉的教堂就是榮耀我，以為到處傳播福音就是在榮耀我，其實你在任何需要幫助的人身上看見我，就是在榮耀我**

了！我並不住在教堂裡，我在每一個愁苦無助的眼神裡，我在每一個渴望解脫的心靈裡。人類一直用「自以為是」的方式在「榮耀我」，但是我並不需要。既然我是神，是那一切的萬有與一切的圓滿，我為何還需要人類的服侍或榮耀？我並不在乎那些東西。

把錢給那些需要錢的人吧！看看你們有多少人類同伴正活在苦難裡；把錢捐給那些急待幫助的人吧！你們的宗教團體已經幾乎成為財團了。

我會的！我一定會的！對了！我可以把這份對話給我朋友們看看嗎？

這份對話可以讓你感受到一些特殊性對吧？這正是小我的欲望！如果是為了表現特殊性，那大可不必，因為每個人都是如此的特別，你並不比別人更特別！只是目前這些資料一旦被他人知道，你可能就會有接不完的電話，而這一段時間，你最需要安靜的獨處，因此我的建議是再過一陣子吧！

這需要多久的時間？

那要由你決定，我則隨時候教！

但是祢知道，我不可能永遠過像現在一般自由自在的生活，我仍然必須處理我的飲料生意，我不可能每天都陷入這般的平安與滿足中，也不可能隨時隨地坐在電腦前等候祢的出現。

你看看你說了多少個不可能？你在不久前才宣告你要用我的觀點去生活的，不是嗎？你現在要改變你的宣告了嗎？還有，我並不住在電腦裡面，你不需要隨時坐在電腦前「等候我」。我住在你心裡，我是你的每一個細胞，我是一切透過你的眼所見之物……我處處都在！你並不需要電腦也可以和我對話！

好吧！好吧！我明白了！我其實還蠻享受這種和祢對話時「時空靜止」的感覺，只是每次聊完，我就沒電了。跟祢聊天似乎特別消耗能量呢！我想應該不需要太久，我們就會有滿滿的一本對話了，可是現在我真的有點累了呢……

就如同你做每一件令你專注的事情一樣，做的時候可以廢寢忘食，做完了之後就能量耗盡了。去做做別的事情充充電吧！去吃個飯團或是泡杯茶……記得我也在那些裡面。孩子，如果你願意，只要你願意，我們隨時都可以說話；哪怕只是你心中的一個念頭，我都能聽得到，你將發現我們其實一向沒有距離。只要你願意用你最高的善和愛對待我的小兄弟……你就是迎接我了。

✧我愛祢

我的靈魂一直在找祢……

我知道……

我不表露的渴慕是那樣的強烈……

你現在將永不再渴……

我愛祢！

咪兔！

愛是所有一切的答案。

5 社會的進化

✧領導的關鍵

祢知道嗎？我今天得到了一份禮物，真是奇蹟！就在祢剛談完人際關係的當晚，一位曾經因為金錢和我有過嫌隙、後來卻失聯的朋友，和我透過網路聯絡上，我對她說，很謝謝她當年給了我反省的機會。當晚我們約見面，她對我的改變很驚訝，也願意重新開始我們的友誼……

我很高興你能注意到，這是個奇蹟的徵兆而非巧合。宇宙裡是沒有巧合的，這證明你已經走在大師的路上，你將發現許多的「創造」都會快速顯現。

原來如此。

和大師不同的是，你將之稱為奇蹟，大師則清楚那過程，並明白結果已經獲得保證。

我還不是大師，還早哩！但我有一天會是的！既然祢提到大師，我想談談這世界最熱門的話題之一「成功與領導」，我過去對這個部分一直有強烈的企圖心，但是我並沒有達到所謂的「成功」（應該說我是一敗塗地）。儘管我現在明白，成功終究只是一個虛假的幻象，但若我仍想經歷它，我該怎麼做？

我們之前曾經提到「創造的過程」，用在成功的人生一樣可行。重要的是：**永遠不要失去信心！**

回到最開始，「成功」指的是針對「某件事」是否達到令自己滿意的結果。對你們而言，人生是事件的累積，因此你們很難不把「成功」和「人生」相提並論。這就造成了迷思，畢竟，你們的人生會有某些事件是被稱之為「成功」的，而某些事件會被稱之為「失敗」，如你對自己的論斷那樣。然而，**一個人的一生是成功的或是失敗的，該由誰論定呢？一**個人可以是成功的企業家卻是個失敗的父親、可以是成功的醫生卻是個失敗的丈夫……那他究竟是成功或是失敗呢？又可不可以是兩者皆非呢？你們習慣將一切分成兩半，非此即彼，而沒有中間地帶。在我看來，人生是沒有失敗的！只有經歷和過程。我不會如你們一樣去論斷你們的人生。**你們如此的恐懼在「失敗的發生」上，以至於看不見自身還擁有多少「成功去經歷」的機會與潛能；你們如此渴望他人「敬重的眼光」，以至於失去了自己的靈魂。能夠身而為人並且有個創造與經歷的過程，就已經是成功了，失敗並不存在我的計畫裡！**

我觀察到，你們人類所謂的「成功」定義，絕大多數是建立在「財富」上。**財富的確是世間成功的象徵之一，但卻不是唯一。**沒有財富就是失敗嗎？財富的形式只限定於物質和金錢嗎？不不不！我的孩子！財富不是成功的唯一標準，在這一點上，你們都誤解了！**財富只是結果，是宇宙因你的思、言、行而產生的結果；**它並非獎勵，也非施予，和我一樣是很中性的！就像雨水落在好人身上，也落在惡人身上一般自然，任何人都能支取宇宙所供應的財富，除非你不知道怎麼支取應用。而現在，我已經將創造的祕密告訴了你，你可以透過宣告自己所「是的」，隨意的支配宇宙為你創造出你要的財富和成功，直到你不再需要為止。

那關於領導呢？如何成為一名優秀的領導者？關於領導有沒有祢能提出的最佳建議？

最佳的領導永遠是包含著愛的領導，最偉大的領導人永遠是讓人自願追隨的領導人。除了愛，沒有別的有效領導方式！你看看耶穌，祂至今仍在領導祂的門徒，用祂那令人無可閃躲的言詞說出真理、體現愛，若是地球上有一位堪稱偉大的老師，那就是祂了！但是我明白你要問的是針對企業而言的有效領導，並不是宗教情懷式的恢弘大愛。關於你的問題，我必須要先闡述一點很重要的觀察。

「領導」二字給人一種上對下的「階級意識」。人類一直以為「階級」是存在的，也因此，千百年來人類社會普遍有著資源分配不公的問題。儘管一切資源是足夠全部的人享用的，卻因為某些人自恃種族較優越、國家較強盛、社會地位較高或金錢較多，而享有較多資源。**那些沒有那麼「優秀」的人，於是只能在你下面聽從指示並分得殘羹剩餚，甚至在寸草不生處等死……**這種階級式的「社會」，架構出層層疊疊的人類歷史。

幾乎地球上任何一種文化都可以發現「階級式」的社會架構。特別是從人類文化的開始之初，你們人類的祖先並沒有發現，一切我所造的整體皆是豐足與完美，沒有誰在上誰在下的分別。因著某種利益與方便，又或者是為了驕傲，你們的祖先便開始制定階級，以便區分待遇、權力、資格、地位……而你們將這些當成了「傳統」，甚至更進一步的解釋成了「倫理」。只是這樣的「分門類別」卻導致了人類千百年來的災難！

在你們幾千年的歷史裡，地球上自有人類以來，沒有一天沒有戰爭禍端的發生，儘管地面萬物豐足，人人各有所長，但你們不明白，在神眼中看這一切都是好的，並不需要區分階級，因為都一樣是我的愛所造化，你們可以盡情的「享用」！**在你們的文字裡，「享用」被解釋成「享受並使用」，更正確的說法應該是「分享的使用」。但是你們不願意分享！卻只管「分配」——用你們的「階級意識」**！你們無法滿足那不斷長大的貪婪之心，甚至你們也憑空想像天國是有階級的，神是高高在上的宇宙主宰，對事事論斷審判，而人們只能讚美或受罰，來合理化人類所謂的「階級意識」。

時至今日，人類組織中「階級意識」最為強烈的莫過於軍隊，而造成戰爭災難的也幾乎都是由軍隊開始。你們看不出其中的關聯嗎？但是你們並不詛咒戰爭，不論是攻擊者或是反擊者，你們都稱它為「聖戰」：某些人自認為「優於」對方或「覬覦」對方而開戰，或是由於另一些人因「階級」受了壓迫與不公而反擊。掀起戰事，結果不論誰輸誰贏，戰爭之後各自雙方內部都又開始了另一場內部的「階級」遊戲，於是「雙輸」的惡性循環開始。

你們曾經把任何一種「競爭」比喻成「戰爭」，其本質與起源上，都來自於人類的貪婪與驕傲之心；貪婪與驕傲不可能帶來雙贏的局面，因為那是「缺」與「恐懼」的表徵。不論競爭或戰爭的發生都來自「階級意識」所導致的一切分配不均，而「階級意識」又來自於「缺乏愛」。有一句話說**「愛是所有一切的答案」**，不是嗎？

等一下！祢的答案有點不切實際，我們畢竟不能只用愛來解決一切的管理問題呀！我們不能因為一個員工犯了錯，為了表現愛，我們就包容而不處置；也不可能為了一個殺人犯，我們因為要表現愛而不審判。祢建議消除階級意識？很好！那總統也和百姓一樣？董事長也和員工一樣？國家和企業的制度一律扁平化？這樣組織怎麼繼續？一切都亂套了！我們的社會會瘋狂！

✧一體意識

我知道以你極端的性格一定會提出這樣的看法。我並沒有建議消除階級意識，而我也不認為你們打算這樣做！我建議的是「轉化」：將「階級意識」轉化為「一體」的意識，而制度的扁平化將只是呈現的表象。這需要從教育和態度做起！從現在起不要再表現出你在下、我在上的態度，人人都是一體的！我們都是「一個」！如果每個獨立個體都體認到這一點，將不會再有殺人犯，也不再有類似的傷害。用「一體意識」取代「階級意識」與「競爭意識」，將會讓許多人自由！至於犯錯，我說過了，宇宙中是不存在錯誤的，體認到這一點的人，也將會較易接納那已經發生的事實。有一些國家和企業正努力做到了這一點。

這聽起來似乎是那麼的不可思議，只因為多數人已經習慣了「階級」的觀念並受制約甚久；而那一些運用「一體意識」的國家和企業卻一點也不會因此匱乏，反而更加的強盛。因為，當一國的百姓知道總統也和他們「一體」平凡的飲食行走，並無特殊禮遇，百姓會更感受到平易近人的尊重與愛，進而回饋更多的稅金與選票給政府。一個企業的員工如果知道董事長也和他們「一體」平凡的儉樸戮力，甚至連私人辦公室也不需要，員工會更感受到公司的同理心與尊重，進而回饋更多的工作效益給公司。除了這樣，你還能找出更佳的管理和領導方式嗎？

祢說的其實是讓人們自我領導。

是的！**除非人們真正在「一體」的觀念下自我領導，否則無人可以真正有效被領導。**而當「一體」的觀念產生，也就無需領導了！這正是你們老祖宗所說的「無為而治」。這需要極高的精神進化，卻是一定可達成的，這方面你們已經有些企業做得不錯。

我知道對大多數人來說，儘管轉換意識會有些陣痛與不適應，因為畢竟不會每一個人都同步成長；但是堅持下去，長久以後就可以讓所有人明白，**「一體意識」才是消除一切你我界線、比較和計較心態的良藥**。耶穌不也說過「我與父原為一」嗎？

我明白祢說的「一體意識」，但這做法卻不一定適用於所有人。在祢剛剛舉的例子裡，我已經可以猜到，那員工不會很盡力，因為如果「階級」已經消除，那麼使之「進步」的激勵也就消失了；當他知道再怎麼努力仍然只會是個小職員，又怎會有好的工作表現呢？

階級意識只會造成分裂與競爭，你們有比用「階級」去激勵員工更好的方法。而且，如果你有真正的一體意識，你就不會在乎自己只是小職員或是小百姓，你將會拋開個人價值，以團體價值為第一思維，並且「開心的」領導自己去把事情做好。因為當你用一體意識觀之，你將會明白董事長和其他人的視角，並如實的「體認經歷」對方的責任。

正因為每一個人都有為他人設身處地的感受，不公平和壓榨將會消失，悖逆反抗與意見爭執將不會存在，你們將會找到一個全新的平衡點與態度去「是（視）」你們的國家或企業。而這正是你們目前的政府與企業最令人頭痛的問題之一：你們的議會每年光花在「質詢」上的公帑數以億計，企業花在內部「溝通」會議上的成本則難以估算。更上一層來說，你們的國家將可以減少國防預算，因為在那樣的意識下，戰爭將會絕跡，不過這必須要形成「全球意識」才可能；畢竟目前你們儘管可以不發動攻擊，卻不能不防備他國的攻擊。而只要形成「全球一體意識」，則一切的武力都不再必須，那就是真正的「大同世界」了，這必須要全人類的集體進化。

祢說得簡單，這簡直就像是柏拉圖式的烏托邦……

我不認為你真的了解「柏拉圖式的烏托邦」，你只是聽過這個名詞但並不了解。柏拉圖是我派給地球的老師之一，他在二千多年前就已經把人類最佳的生活方式告訴你們，但是人們並沒有聽他的。你們以為烏托邦像是一個烏有之鄉，我卻要告訴你們：那的確是可達成的天堂。只要你們願意去宣告「合為一體」。

可是我怎麼感覺祢說的「一體意識」像是「一黨專制」似的，弄到最後，似乎都不會有相反的意見。

你還沒有真正的明白我說的。我所要表示的「一體意識」並非如「一黨專制」一般。正好相反。多數專制的政黨都是唯物的，我卻是精神的，而「階級意識」又往往是一黨專制下的「黨意識」。我在這裡談的是「精神上的一體」落實應用在你們的現實上；至於你講的「最後不會有相反的意見」，這倒不一定，與之相左的意見還是會發生。一體意識並不會、也不該變成全體一致。並不會有相同的語言、相同的藝術、甚至相同的文化，人們在各方面仍然會有不同的選擇。我說的是，將不會再有爭執或鬥爭，對於和自己不同的，人們也變得可以設身處地的去觀察與溝通，並取得「一體」的共識。

至於你說的「一黨專制」，不論國家或企業，**我觀察到的是人們「不敢」有相反的意見，而非「不會」有相反的意見，因為「恐懼」是如此被絕對的權力操控著。**如果你們肯的話，這些改變都可以透過「對人類的精神教育」來完成。如果你也用這樣的「一體意識」去發展你的人際關係，你就會知道如何創造「群體意識」。孩子！當你知道如何創造群體意識，你的人生將會有戲劇性的轉變！當這份對話告一段落，你也就會完全明白如何去創造它！

戲劇性的轉變？聽起來像是中樂透之類的事情。我的人生到目前為止已經夠戲劇性了，但是來自於祢的承諾，我倒是很想知道。

你會有戲劇性的轉變並不是因為中樂透，你所要獲得的將遠遠超過那個。並不是以你所知道的那種戲劇性，你會慢慢知道的……但是我想你現在需要休息一下子，我們的對話還沒結束，將會一直持續下去。

暫時要告一段落嗎？這本書結束了嗎？

還沒有，只是我知道你對目前生意上的夥伴還有工作要做，先去忙他們的事吧！你知道的，一如過去，我隨時都在。

祢知道嗎？雖然，我這一陣子以來，生活的全部幾乎就只有和祢的對話，但是我竟然一無匱乏，所有需要的，不論是什麼，都會自動出現，甚至是銀行存款……一切是那樣的令人不可思議，我知道那是祢為我做的。以往很多事我總要遇到了才相信，發生了才後悔。謝謝祢一直看顧我、包容我。謝謝祢，我真的很愛祢！

我也愛你！因為你值得，和所有人一樣值得！當你留意到這是我對你的愛時，就是我最榮耀的時候。我將為你打開天上的寶庫，傾倒在你的居所，直到滿溢……阿們！

我很快會來找祢的。

我也永遠會等你，去吧！不要擔心任何事，只要知道我已經預先為你預備好了一切。邁開大步去完成你要完成的事吧！

6 真愛的定義

✧性的樂章

目前的我狀況已經比對話之初好多了，唯一使我困擾的是祢曾經說過的，「忍受孤單的能力」。我仍然會在深夜感到深深的孤寂，除了對愛情的期待外，就是性的慾望使我深夜難以成眠，我必須承認這令我難以啟齒。祢曾經無數次在我耳邊提醒我：「提升你的性能量，轉化它……」以及「成熟的應用性能量……」，但那似乎是一件不容易做到的事。我不斷的陷入「精蟲衝腦→性→罪惡感」這該死的循環。究竟，性與愛的關係是怎樣的？性和成功的人生有關聯嗎？……無愛的性是罪惡的嗎？……婚姻和愛情以外的性是被允許的嗎？同性戀又是怎麼回事？我已經三十六歲了，腦中對這些問題卻是一點解答也沒有……祢能幫助我嗎？

坦白說，你的確有著極為強大的性能量，**這是你的恩賜，卻不應該造成你的困擾**。若它變成一種困擾，則表示你還有尚未經歷到的部分，以至於你必須去經歷部分的性，來幫助你自己「憶起」關於性的種種……你有沒有感覺到，每一次你做愛完總是那樣的平靜滿足，甚至有點飄飄然的感覺？不論男性女性，為了使你們體認到生命創造的喜悅，**我在「繁殖」的過程中加入了「娛樂效果」。那幾乎是人類所能享受到的最極致「體驗」，我要讓你們「享受」生命！**地球上除了人類，多數動物並沒有被設計成可以「享受」性娛樂，更不要說像人類這樣，可以隨時做愛而沒有繁殖季的限制。

神的本質是「愛」，其功能是「創造」。我依照自己的形象（本質）創造人類，人類也如同我一般有著愛與創造的本能。最高的創造就是創造生命！我設計人類的生命起源於「性」，意即「性即最高的創造」！也是體驗「神」所經歷的過程。（飄飄然不是嗎？）

只是，人類或許明白愛是什麼，卻大大的誤解了性。**性是創造！是喜悅！是神！**但是看看你們，把多少的不堪加諸在「性」身上！我說過，你們褻瀆神已經很久了，尤其是關於性的褻瀆。你們將此視為罪惡！這乃是對神最大的汙衊！關於「性不是一種罪惡」，我在這裡就不再多提，我與尼爾曾經就這個話題有過深刻的對話。人類加諸在「性」上的負面概念已經如此的根深柢固，以至於你即便不在觀念上誤解性，也偶爾難免遭遇挫折感。我們先談談性與愛的關聯吧！

關於愛，我們之前提到許多，不論是男女之間的愛情，或是家人之間的親情，或是朋友之間的友情，都是「愛」在展現其多面的特質。而你們人類對性的誤解比對愛的認識要深！人類一直著迷於性的強大驅策力以及愛的動能，這是兩股使人類文明得以開始的力量。

人類是身、心、靈三位一體的生物，三方面各有各的屬性與需求，只有在三方面的需求皆被滿足時，人類方可以感覺到「真實的活著」，以及「活著真好」。

身體基本的需要包括食物與飲水，你們的器官被精密設計成可以將大自然的萬物化為養分以吸收。除了食物與飲水外，就剩下「性需求」為最基本。在動物而言，性只是繁衍後代的生物機能，但對人類而言，性不單只是「繁衍後代」般簡單，它有著額外的**「創造動能」**，正是這份動能搭配無與倫比的大腦，創造出人類的一切文明。因此若說人類的文明開始於性，其實是一點錯誤也沒有。畢竟人類來自於我，而我即是創造！**人類運用這股創造力開拓「夢想」的人生，也是必然！**

是的！若你有強大的性能量並善用之，想要的成功將會到來。令大多數人困擾的是：如何在性與成功的人生間取得平衡？畢竟你見到許多的所謂「成功人士」卻有著婚姻緊張或是外遇的問題，推到最原點，都和性有關，它是一切的起源。要在性與「成功」的人生取得平衡，所需要做的改變只是「**拋開罪惡感，享受其中卻不沉溺**」。

你可以解釋一下嗎？

有太多的人原本有著極為優越的潛能，卻因為誤用了「性」，導致沉溺其中，這樣的人非但不能成功，還會毀滅自己。如果只是誤用倒還好，**麻煩的是「沉溺」，因為性的能量將會**

因為沉溺而快速消耗，直接的降低了創造其他事物的欲望。你可以在報紙上經常看見這一類的人，他們多半遊手好閒或者一事無成，腦中所思盡是淫穢。有另一批人則時時刻刻對性懷抱著恐懼與罪惡感而無法釋放自己，即便正確運用性能量而獲得成就，也不會快樂。不快樂的人生是你們要的嗎？很不幸，的確許多人選擇了那樣的生命。

孩子們！拋開限制吧！體驗性，感受性，享受性，愛性……高潮是身體的釋放……靈魂的歡呼，罪惡感卻奪走了一切！我告訴你們，沒有罪惡，但的確有「罪惡感」！**若要說罪惡感有任何益處，那就是，提醒你不要再扮演「非你」的角色，除了這個，罪惡感沒有益處！**罪惡感只是被催眠後的幻象！關於性，在開始時一切都是極為「生物性」的；「生物性」沒有罪惡感的問題，因此你剛剛說你「精蟲衝腦」是很自然的（我也很高興你能承認它，大多數人還是羞於承認）。

在我創造的兩性功能裡，雄性被賦予「主動繁衍」的基因。儘管人類已經脫離野獸階段，基因的執行程序依舊，也因此你會發現雄性動物總是採取主動居多。而人類不論男女，在做愛時「簡直變了一個人」，這是極為自然的，這是身體在歡呼慶賀！不要阻止那份歡慶的能量！

你問我能不能有無愛的性與婚姻、愛情以外的性，答案是肯定的！**前提是在自己與伴侶雙方都同意，並彼此尊重的情況下進行**，另外，要為後續的結果做出承擔。我知道我這樣的回答與目前人類社會共通的價值觀牴觸，但是請想想，若是多數人都能這樣子的同意，很多的性罪惡感、性犯罪會減低，很多的男女爭執也可以敉平。

等一下！我不同意！如果我的女友或太太去和他人上床，我無法想像我會做些什麼……祢這論調很怪異，很極端。祢的意思是說，既然禁止不了乾脆門戶大開是吧？這似乎不像是神會有的論調！

✧男人女人的戰爭

你認為宇宙間有什麼事情是我不能接受的？我對一切保持開放！如果你感覺到憤怒，我可以理解，這正是多年來人類加諸於「性」上的枷鎖變成了傳統。你們有所謂的「儒家」思想……或是什麼「法家」思想……卻沒有一種「思想」是不需要透過「性」來延續香火的。你們滅絕了性的歡娛，也辜負了神的恩賜，卻只讓它單單執行香火的傳遞。

你的憤怒其實並非來自於性的開放，而是來自於**你對愛的誤解（產生了妒忌）與性占有的渴求**。我說過，真愛是一無所求，也是全然自由的。在真愛裡，你既不該「要求」對方如何，又一定要賦予對方自由。如果你自己希望自由又不希望被對方要求，則你對待你所愛的人應該也要如此，這正是「愛人如己」的真意。不過很遺憾的，在人類社會中，這樣的愛並不多見，**你們的愛情其實多數並非真愛，而是「互換」**。

人類兩性的接觸互動，一開始多半與性意識有關，當你們進入青春期，開始對異性產生好奇心與吸引力，這是出於本能的自然，你們是那麼樣單純與興奮的可以「探索」與自己完全不同的個體，你們親吻著對方的肌膚，愛撫著對方的身體，驚訝於如此的妙不可言！（附帶一提，這是每個人都會嘗試的事情，卻沒人會說，也多半是在未婚的時候發生。）有些人有多一些這樣的機會，有些人則少一些，但那無損於對性的渴望與探索。

在當時，那還不清楚什麼是愛情的年紀，你們於是有了第一次的性接觸，你們擁吻，你們翻滾，你們交織在一起……你們融化了彼此……最後爆炸……然後你們擁抱著喘息……一致認為「這就是愛」……然後你們結婚。我要告訴你的是——「那不是愛」！那是「性」！

有太多人因為性的需求或性的孤單而進入了一段關係，而非因為愛！這樣讓他們失去了經歷真正的愛情的機會。於是，**當子女出世，性的狂熱也逐漸消散後，剩下的就是「無性」或「無愛」的婚姻生活**。我觀察到這是現在很多婚姻關係的寫照，然後彼此雙方若不是「忍耐著」度過一生，便難免會向外尋求發展。於是乎，男人女人的戰爭才正要開始……

我認同很多的男女關係開始於性的吸引，但這並不能合理化通姦和劈腿。我是說，我仍然認為那是不應該的，愛情，是不能分享的！

啊！抓到了！你終於說出口了！你說愛情是不能分享的。這就是引起人類愛的衝突和矛盾的最大原因了。你們都同意愛應該要分享出去，也認為分享愛是好的……卻單單只有愛情不該分享，是嗎？我問你，如果你新交了一個女友，你會介意她之前交過幾個男友嗎？更不要說她之前跟幾個男人上過床（如果你會知道的話）！

我不介意，因為我愛她，我不太會在乎她的過去！

嗯……是的，但是她在跟你交往之中，若是和其他男人交往或上床，你就無法接受了，對吧?!

是的！我也不認為有人可以接受！

所以你不是介意她跟別的男人上床，你介意的是她什麼時候上！起碼不能發生在跟你交往中！你真的以為那些在你之前和之後跟她上床的男人並不是她「愛情的分享」？我告訴你！不論先後，這通通都是那位女士對愛情所做出的奉獻與分享，而你……只想占有！

祢讓我詞窮，但是我還是不能認同。

沒錯！真愛若產生，彼此會「自願的」選擇對方為「單一」的性伴侶，前提是出於自願而非被迫的。但是看看你們，多少人檯面上被迫忠貞的選擇單一性伴侶，卻在私下亂搞。而那就真的是罪了！**這罪不是出於亂搞，卻是出於「假愛」**。

若是「真愛」已不在，並不需要擔心亦不需要難過，這世界有足夠的愛情可供應，有足夠可供選擇的伴侶。透過溝通並用愛釋放彼此，讓彼此都能夠再覓得更適當的伴侶，則是成熟的做法！畢竟，分手時，「對方要的」就是你能給對方最大的禮物！而……你們幾乎是「非她自願的」限制她不能在交往中與其他男人往來！更別說是上床了……這是男性主義的控制欲！

你發現你們的價值觀了嗎？你們所謂的愛其實只是「占有」，並且為「背叛」訂下了嚴格的規範，還名之為「忠貞」？你們這樣的價值觀簡直像是在對待囚犯和奴隸！哪裡是愛？之所以「背叛」會令你們抓狂，是因為你們自認為「付出」了相對重要的東西，這根本是交換！那更不是愛！

女人付出身體和美貌，交換男人的體力和鈔票；女人付出了青春和歲月，交換了男人的責任感與安全感。你們稱這是愛？如果這是愛，那你們都還活在原始時代！如果這是愛，則你們的婚姻與愛情都是不被祝福的。看看你們的分手和離婚率就知道了！**婚姻的確是神聖的，卻必須以真愛為前提！**在這方面，你們又再一次的褻瀆了神！

✧愛需要分享

老天！祢真嚴厲……

沒有辦法！每次提到這樣的話題我就忍不住要多說兩句。你們人類竟然把這樣美好的事情摧殘至此，甚至以我之名譴責！我實實在在告訴你，所有的愛都是應該分享的，也是可以分享的。是的！甚至包括愛情！因為你們都是一體，沒有誰能占有誰，也沒有誰該被占有。分享給他人其實也就是給了自己。

婚姻是一種極為神聖特殊的男女關係，婚姻與真愛像是錢幣的兩面，缺一不可，你們對婚姻的態度卻褻瀆了「真愛」的神聖。**我發現多數的婚姻並不存在真愛，卻存在著贗品！**太多人背著伴侶偷吃，那便是「真愛」之不存，**與其這樣，還不如釋放彼此。**

祢是說，如果沒有愛了，甚至結婚後的配偶也可以分享給他人？

你不能代替配偶問這個問題，這需要她自己的決定！所謂的「忠貞」應該發於自願的，而非被迫的！**決定忠貞的因素永遠應該是「愛」而非「婚姻」**！婚姻只是彼此對「真愛」的承諾書。你們自己在真愛當中去做決定，而非在婚姻中。**當你發現你竟然可以輕易的和不是**

配偶的人分享身體，你便可以知道你對配偶的愛是否為真。要知道，在婚姻中，**真愛就是真愛，其他的都是贗品，除了真愛，多說的都是贅詞！**人類已經太習慣以假亂真了！

因此，很多外遇的發生都表示他們的婚姻並非真愛了？

所謂「真愛的婚姻」是指：**不受時間與空間的影響，依然自願的選擇奉獻與支持，專注而無求。**你可以看看，有多少人類的婚姻經得起考驗？若是真愛已逝，而需要有婚姻以外的性關係，則應該選擇與配偶坦承和溝通，用愛釋放彼此去追尋更適合的伴侶。你們可以彼此同意保留婚姻，也各自保留分享身體的權力，或是離開婚姻讓彼此自由。

那小孩怎麼辦？他們會有一個不健全的家庭，甚至影響人格發展！

保留無愛的婚姻就是健全的家庭了嗎？就不會影響人格發展嗎？你真的以為孩子小，不明白「大人的世界」嗎？他們懂得或許不多，但是起碼能知道父母彼此間有愛嗎？**一個無愛的婚姻才會製造出有問題的小孩**，而非選擇分開的婚姻。有許多成長在「健全」卻無愛家庭中的小孩，其行為之乖張不馴更甚單親家庭。畢竟有愛才是關鍵，這份愛不論是單方面來自父親或母親，都不會影響愛的本質。**所謂的「健全」只是社會制約的思考。**

這會讓婚姻和法律專家跳腳。

讓他們跳腳吧！他們也從來沒有解決這方面的問題，卻總會在別人提出看法時捍衛自己的立場。這只是人性，無需擔心。若是配偶雙方都同意有婚姻以外的性關係，並且達成所協議的共識，也和新的伴侶達成共識，則婚姻法律專家也無用武之地。（附帶一提，已經很多夫妻這樣做，但睜隻眼閉隻眼的默許，卻並非適當的協議。）

這讓我懷疑婚姻的必要性。

只要真愛存在的一天，就會需要婚姻。我只是注意到，有太多的人還搞不懂真愛為何，便進入婚姻，於是引發許多的問題與不幸，而我為此提出上述的解決辦法。否則，你有更佳的做法嗎？

祢這樣說的確會讓很多人，尤其是支持性解放的人開心，因為祢給了他們一個「解放」的合理藉口……但我擔心會造成社會問題，或許非婚生小孩和未婚媽媽會更多。

性原本就是自然的！本來就不該綑綁！是你們自己將之污名化，傳承一代又一代，卻又出於本能的覺得這件事「太爽了」！然後終於有一群不受社會制約的人出來疾呼「性解放」！你們才開始懂得真正享受性。那一群人正是你們該感激的！因為他們讓你們找到了靈魂的歡呼！

要知道，我不會給你們不好玩的玩具，如果我真的認為性是罪惡，我不會將「娛樂效果」放進去。**享受性永遠是好事！只需要注意後續的結果，就和你們做所有的休閒活動要注意安全是一樣的**。至於你說的社會問題，請問，你們的社會性壓抑已經那麼久了，這些你說的未婚媽媽和非婚生小孩有因此減少嗎？

並沒有，似乎越來越多。

是的！試試看反其道而行吧！用愛與支持的態度去面對性，並給予年輕人正確的觀念和自由度去選擇，而非加以壓抑，否則人類的進步還是很有限，**因為你們竟然連「本能」都處理不好，無怪乎會有一堆問題**。

我明白了！只是我仍然覺得這不像是神會說的話！我一直以為神是贊成禁慾的，任何的性歡娛都是不神聖的。

你認為神應該說怎樣的話？**重點不是我說什麼！重點是誰在聽?!我創造的一切都是我所愛的，都是圓滿和完美**。禁慾是你們搞出來的，卻讓我背了黑鍋！不神聖只是你們自以為是的解釋，通通讓我成了魔鬼！

好嘛……好嘛……不要那麼兇嘛，祢忘了還有一項沒有講……關於同性戀。

關於這個，我的答案跟前面的一樣。不論有多少人以我之名詛咒同性戀，我卻要說，那都不是我！畢竟，為何我只接受並祝福異性之愛？卻對同性之愛要棄之如敝屣呢？既然都是我用愛所創造的。神的愛大到可以包容一切！一切！同性戀？好得很！**重點不是同性與否，重點是愛**，明白嗎？

我的孩子！若是同性之間的愛大到可以超越異性，不也是一件美事嗎？我看見地球上有很多國家，包括台灣，對同性戀的族群都給予相當的尊重，我為此付之微笑。至於同性戀之間的性愛……我知道，我知道……你對這很反感，但是讓他們自己去玩吧！套用一句《侏儸紀公園》電影的台詞：「生命會自己找到出口的。」

原來祢也看電影……「生命會自己找到出口」！呵呵，還真是一語雙關呢！

你以為那部電影的編劇和導演我不認識嗎？是我賦予他們創作的靈感的！

好好好！我知道，因為祢是一切萬有，所有的發生都在祢眼皮子底下，只不過我聽到祢認同甚至祝福同性戀，還是相當的詫異，幾乎所有的教會都以神之名譴責詛咒同性戀。

他們對我的認識並不深，如果他們曾經有過一時片刻處在神的角度，而非「人所以為」的角度，就會發現，我並不譴責、詛咒任何事，有許多對人類社會具有相當影響力的人都曾經是同性戀者，若是我詛咒他們的性向，又怎會同時賦予他們重要的能力呢？是的！他們的性向和我所設計的不同，**但人類把那份不同解釋為道德的沉淪，我卻在當中看到超越之愛。**

祢的包容力真是無遠弗屆……我承認因為我曾經被男同志性騷擾過，一度內心很不能接受男同志，甚至連和他們說話都會讓我不自在。這幾年好多了。我開始發現，男同志對事物的敏感和纖細竟然不輸給女人，甚至還強過女人，他們有很多的優點，我只要不要去想他們在床上的樣子就好了。

孩子！**當你接受，你也就自由了！**不要只接納一半，卻詛咒另一半。銅板有兩面，地球有兩極，少了任何一邊，都不是整體。記得嗎？我們都是一體的，所以祝福吧！接受吧！

凡你祝福和接受的，就是在為自己謀幸福了，因為世界也將接受你並給予你祝福……阿們！

✧回家的路

今天的我有點不開心。我去參加「奇蹟課程」讀書會，坦白說，我除了感到無聊外，還察覺到並訝異於參加的人們「虛假和恐懼的小我」竟是如此的明顯。我一直以為，上這課程不是要去除小我的幻象嗎？怎麼我竟然看不見無懼又睿智的眼眸和言行一致的行為呢？我為此感到難過。祢可以給我一些建議嗎？

呵呵！與其說你「察覺到」，不如說這是你「試探與挑釁」得到的結論吧?!有病的人才需要看醫生，人們之所以會去參加「奇蹟課程」，正是因為其內心有著無以名狀的痛苦和疑惑待解。你已經可以輕易透視人們的偽裝，你更可以觀察到，上課的人若不是眉頭深鎖就是氣色不佳；他們都希望藉著課程修練心靈，解決他們的痛苦。你會遇上這課程，也是因為你曾經是那樣痛苦的一個人，只是你現在已經不一樣了。孩子！我有些話想對你說，認真聽……

我知道你在多年來經歷了心靈、財務、愛情、親情的痛苦，並且勇敢破繭而出後，仍然決定朝神邁進。過程中，你因此對人、事、物逐漸培養出敏銳的洞察力和分析力，包括人性的黑暗面、小我的反擊與偽裝等……你幾乎都能一一識破。因為過去你就是活在人性黑暗面中！你更曾經是聰明且擅長偽裝把戲的小我！若說你的過去是墮落的天使，那真是名副其實！因此人們的痛苦在你看來，就像你自己曾痛苦過的，你也因此培養出強大而敏感的心靈能量，你所察覺到的也的確都是人們幻象中的實情。只是那又如何？都與你無關！你好鬥與批判的性格依舊，這是缺愛小我的原形……

奇蹟課程是幫助「入世」太深的人們所設計的回家的路，儘管路有些遠，但卻一定可以到達。而你是即將要到家的人，你們彼此雖為一體，卻是不同的階段。但是，不要對其他同學有任何的論斷，即便你已經看出些什麼。雖然你感覺課程與你幾乎無關，他們也顯然不認識你。這無關緊要，你其實並不需要他們知道你太多，你參加只是為了想要有一些和人互動的機會，你的初衷並非是要去成長心靈，或是去好為人師，因此你難免昏昏欲睡，無聊至極。畢竟，在你親自體驗過我後，又怎會再需要那回歸的過程呢？

我了解你，因此我注意到，你已經因為我而漸漸強化了小我的驕傲，甚至會挑釁他人以證明你自己的特殊性，儘管你是用那不著痕跡的戲謔方式去試探人性。但是我卻要明白告訴你，孩子！不要玩了！停止這遊戲！這一點也不好玩！只會讓你遠離真理。除非你願意這樣！但我知道你所宣告的，因此你更要知道，改變他人不是你的工作！也不該成為你的喜好！

雖然你不在乎人家喜歡你或討厭你，你也無需去做些什麼證明你自己的特別，無需去試探人性的一切，更不需刻意去挑釁他人的小我，畢竟那一切都是不真實的幻象。你已明白世界和小我是如此的短暫與虛假，雖然當你見到他人性格中小我的一面時，仍然會憤慨激動，因為那正是你小我的投射，你的小我是那樣的好鬥堅強。只是面對他人的小我時，你的小我有著特殊的優越感，會透過循循善誘企圖導正對方，若不被接受，便透過挑釁對方以消滅其力道。

孩子，放下吧！那不是你的工作！因此你會發現，大多時候都是出現反效果的。**急躁不能成事，要知道人們各有其靈魂的意圖，你必須尊重！**你很特殊，但其他人也是！你要像我一樣只是「觀察」，並且只在他人提出要求時才低調的協助。

要知道，**有些靈魂選擇沉默讓小我坐大，以便經歷淬鍊。你即便再有心，你也無法去干涉這意圖，**卻只能讓對方在時間的催化下蛻變。我要告誡你，**真正的大師從不急躁，亦不證明自我的能力和特殊性，真正的大將亦從不挑釁對手輕易求戰，**關於這一點，你的確有待加強。你需要從平靜無心開始，消滅你的傲氣，內斂你的鋒芒，降低你的躁性，充實你的愛……否則你離回家的路還遠著！但我並不會因為你這樣的魯莽而離開你，我會一直看守你，這是我對你的承諾，永不離棄你。

請你暫時不要再將這份對話給任何人閱讀了，這將會引起軒然大波；即便不是，起碼也會引起某些人的妒忌或憤怒，進而攻擊你。為了保護你自己，請你暫時守口如瓶，直到可以公布為止。

每一個人創造自我的實相，但不是每個人都可以找到我，更多的人只在口裡相信我，即使每天禱告讀經，口裡稱呼我主啊！主啊！依然接收不到來自我的訊息，只因為他們心口不一。這一段日子以來，儘管我的出現帶給你孤單，卻也帶給你對我更強大的信心。請不要誤用了這份信心，它不是給你做為試探挑釁他人用的，也不是要給你帶來特殊性的自豪。

你的特殊性和這份對話錄，有著更高的目的。儘管你現在已經不再高談闊論或好為人師，多數時候你也都有我賜予的平安，但卻偶爾會有強烈的批判意識和挑釁意圖；你的自我意識仍需進化，你需要在這部分改善——透過愛！

寬恕原諒那些別人身上讓你激憤的小我吧！寬恕原諒你自己的試探挑釁吧！寬恕原諒所有一切為你帶來不安與痛苦的事物吧！**寬恕並原諒一切，你將再次走在朝神的道路上。**在這條路上，你不需要有包袱，因此，丟掉自己和他人所有的一切世間幻象與小我虛假吧！這樣你會走得快些，也輕省些，以便欣賞路上的美景。回家的路，是很迷人的。

✧父愛的初體驗

今天上午，媽媽前來整理一些私人物品，我則帶狗去公園散步。今天的天氣很晴朗，但忽然不知怎地，有一股想哭的衝動。就在我步出公園時，忽然感覺到爸爸對我的愛……

我很訝異這莫名其妙突然出現的感動，因為我和我的父親在互動上，已經很多年僅止於點頭，談不上情感的交流。儘管事隔多年我已成人，仍對他過去施加在我身上的感到憤恨。但今天上午走在馬路上，竟然沒來由的感到他對我滿滿的愛。我幾乎聽到他對我說：「孩子！你是我第一個孩子……我也是做了爸爸才開始學做爸爸的，原諒我過去所做的……我愛你……」然後，心中響起一首歌頌爸爸的歌。那首歌沒人唱過，因為是我當下隨心亂哼的，卻竟然出奇的感人，我熱淚盈眶……邊走邊落淚。路人都覺得奇怪，但是我不在乎，畢竟我已經很多年沒有為家人掉過眼淚了。

下午爸爸開車前來載媽媽，並告訴我，他在月初時放了一些錢在我的戶頭……我那想哭的衝動又來了，原來那是爸爸放的……我還以為是祢顯神蹟讓我多錢出來。上樓後我全身疲軟，不知怎麼形容我的感動和感激、愛和愧疚；不是因為那一筆錢，而是因為，我竟然沒有發現，我其實就活在滿滿的父愛裡。只因為他不善表達而我不善解人意，於是我自我封閉，隔閡憤恨了二十幾年。我明白了……現在全明白了，這是我歷程的一部分，我終於體會到什麼是「父愛」了。**只要我用心感受他那份柔軟和感性的初衷，而非他外表的嚴厲，我就進到父愛裡了……**

孩子！愛是很可口的不是嗎？我很高興你可以感受到你父親的愛……他一向愛你，和愛你妹妹一樣，沒有不同；你自己造成了分離的幻象，然後在現實中催眠了自己，於是他就像是不愛你了……今天早上我只是和你玩一個小遊戲，叫做「愛的初體驗」，很高興你的分數蠻高的。

孩子！你進步了！從今天起，不要再對你的父親有負面評價了，他很希望對你做些什麼，他愛你，只是你不知道，你也不曾想過回頭去愛他，他有很長的時間認為自己是沒有孩子的……去愛他吧！去給他滿滿的愛，用你從我這裡支取的能量，灌注給他。他的頭髮白了，皺紋多了，剩下的日子也少了……多陪陪他，讓他知道他沒有失去你。

我會的……一定會的。

去休息一下吧！打個電話給他，問候他是否平安到達家裡。

嗯……沒了嗎？我是說，關於這麼重要的話題，祢就只講這些嗎？

孩子！我就是愛，**愛是不需要多說的，只要用心領會**。你可能不知道，今天是你的大日子，因為你終於完整了！

我明白了！謝謝祢……謝謝祢為我所做的，我愛祢！我沒有想過，和爸爸二十幾年的心結，居然被祢一個「遊戲」解開了。

你想不到的事情多著呢！總之你要明白，我是站在你這邊的，因為你呼求我……你稱呼我為你的天父……**做父親的，哪有兒子求餅，反給他石頭？求魚，反給他蛇呢？**

我愛祢……阿們……

回家的路，是很迷人的。

7 世間的法則

✧ 我們都默許黑暗

最早我嘗試做個生意人，但是我失敗了，我最後檢討自己，除了對金錢的態度不當之外，我是敗在心不夠狠。人說「無奸不商」，究竟在商場上運用手段和狡詐真的是必要之惡嗎？

首先，我要告訴你，你並沒有失敗，你其實是勝利了！人們對失敗和勝利的分辨，膚淺到只看所累積的財富或是極為可笑的榮耀，而我要說，那都是表象的，甚至不值得一提。

生命中最重要的勝利並不是由財富決定！**有很多時候，人們損失了金錢，但卻贏得了良知；有更多的時候，人們贏得了金錢，卻輸掉了永恆**。而這乃是最大虧損！你的財寶在哪裡，心也就在哪裡。重點不在財寶，**重點是你看重什麼為你的財寶？**

其實那些在商場上運用狡詐和手段的人，並不明白這個世界和宇宙的運作法則，他們以假為真，以虛妄幻象為依存，眼中只看得見錢。他們眼光甚至短淺到不在乎結果，但結果終究是會出現的。你將會看見那些在商場上運用狡詐和欺騙的人日漸衰微，沒有例外！因為這是宇宙的法則，這樣的人其實是活在「缺」與「恐懼」的實相中，似乎不透過狡詐和欺騙便不能生存，為了合理化自己的行為，他們甚至告訴自己這是「必要之惡」。

這世界其實是不存在惡的，只因為刻意矇蔽良知稱其為「必要」，而這就真的成其為「惡」了，這乃是最大的惡，因為「存心」！而這份「存心」是因為「以為」生存除了貪婪之外，別無選擇，這又是匱乏的心靈所展現的假象。因此，利益的獲得將只是短暫，匱乏的出現只是遲早。

那為什麼我們看見許多行業都存在著欺瞞與黑暗，有著那麼多不可告人的事情……卻依舊昌盛？祢知道的，不論是醫藥界、政治界、商業界……都存在著這些黑暗面，而社會正是由這些所構築起來的。我是說，我們就活在這些欺瞞與黑暗當中，難道一切都必須要忍受？都那麼的無可改變嗎？

你們的社會「昌盛」嗎？我看不出來！我看到的是一個還有很大進化空間的社會。起碼，在人類覺醒的大躍進之前，我不會說你們是昌盛的。因為，少數人昌盛卻帶來多數人卑微，這樣的昌盛只是假象中的假象、謊言中的謊言。你們出現了所謂的「M型化社會」，而且有越來越多人正朝向貧窮階段前進，另一端的人卻是享盡奢華猶嫌不足。是的！你們的社會各層面存在著許多不可告人的黑暗，而且正在急速失衡中。但那是人類集體所選擇的，而你默許……

我默許？我才沒有！我甚至沒有資格表達意見……就憑我？

你曾經嘗試過嗎？

沒有……

那麼就是了……你們甚至連嘗試去改變的意願都沒有就已經放棄，而選擇默默忍受，這不正是默許那些黑暗的存在嗎？然而我要告訴你，其實是沒有黑暗的，答案還是一樣，是選擇！你選擇融入黑暗還是照亮黑暗？如果你稱它為黑暗的話。你們通通默許黑暗！卻又祈求神帶來光明，我告訴你們，你們自己種的果自己吃吧！

祢的意思是說祢將會坐視不管？眼看著人類社會陷入黑暗中？

你們不為自己做的事，我也不為你們做！天助自助者這句話你是知道的，一切都是選擇的問題，都是意願的問題。你們都太過依賴與不負責任，自己撒的種，種出苦果，卻要老天來替你們收拾。你們以為科技突破了，世界縮小了，口袋富足了就是進步？差得遠了！你們幾乎背道而馳！**幾千年來，人性幾乎沒有長進，心靈一樣一貧如洗！你們看重的是這個世界，然而我派來的老師卻一再告訴你們這個世界只是幻象！**如果你們肯聽一聽，那世界就不會是現在這個樣子。唉！這又不信又悖謬的世代啊，我在你們這裡要到幾時呢？我忍耐你們要到幾時呢？

被祢責備的感覺真是痛苦，但是我感到有點委屈，畢竟有很多事情只憑我一個人是做不到的。

你這麼認為？當年摩西也是這麼認為，但是你看看他做到了什麼？你們的歷史上有太多的人在某些事上一開始都認為自己做不到，直到他們開始體認到自己內在的神性並邀請他人結伴同行。

內在的神性……

嗯……是的！我說過，我用我的形象（本質）創造了你們，你們和我是同一塊料！只是你們不知道，也沒有選擇運用那強大的能力，少數人在無疆域的地圖上摸索，幸運找到了那條路，於是便改變了自己和部分的人類。

關於內在的神性我曾經聽說，但是心理學家和宗教界都各自宣稱他們找到通往內在神性的道路，並且發展出各種的方式或「法門」，在我看來都像是拼圖的一角，並不完整。我總覺得，人類探索心靈甚至宇宙的奧祕都像是瞎子摸象一般，並且毫不懷疑的相信大象就是他所摸到的樣子。

呵呵！那還不賴！起碼已經摸到大象了，只是摸了幾千年，對大象的全貌還是拼湊不起來對吧?!我實實在在的告訴你，沒有一個方式或法門不是透過我傳遞的，也沒有一個拼圖的一角不是包含整體。我是那看來浩瀚無際卻又近在眼前的，並且我對一切都保持開放，每一種方式和法門都將回歸於我，只是早晚的問題。

我聽過那個，在祢和尼爾的對話中有，祢說：「如果神是你的標靶，你可走運了，因為神是如此的大，你不會錯過祂的……」

是的！是的！你的記憶力很好。

其實不是，裡面的內容我多半已經忘記，只是這句話讓人印象太深了！

我把他放在那裡就是為了要喚醒人們內在的神性，提醒人們我們原為一體。只是，似乎人們還是活在塵世中貪戀著一切不肯回頭！但是就像我那句話說的一樣，他們還是不會錯過我的。因此不需要為他們擔心，卻只要關注你自己靈魂的意願，滿足你靈魂的渴求，如果發掘內在神性是你所要的，那麼就去做吧！**滿足你靈魂的渴求，則你的靈魂也會滿足你，因為你的靈魂……就是我！**

✧在相對性裡選擇

老天！這是真的嗎？

你為什麼懷疑？我不是說過我住在你裡面嗎？

ㄜ……是的！只是我沒想到我的靈魂真的會是祢。

不然你以為你的靈魂是誰？現在你知道了，你們每個人的靈魂都來自於我，都是我的一部分，**都是我的愛子，我所喜悅的。**

我還以為那只是個比喻的說法，為了要人們走向神的道路。

那是個很真實的比喻，再沒有比祂更真實了，事實是，若沒有祂則一切都是虛妄！

既然每個人的靈魂都是神，那為什麼有些人似乎就是天性惡劣，甚至做出罪大惡極的事？

很不可思議是吧？在最初，為了體驗我自己，我分裂我自己的整體，以便創造這個宇宙和相對的世界。因為，若沒有「相對性」，則整體永遠無法體驗自己。

我是神，我是愛，我是無處不在的一切萬有，但除非我做了什麼來表現我是神和愛，否則這些也只是我的一個概念而已，無法被經驗。這是「神聖的苦惱」。然後我終於發現，只要我分裂出我自己的一部分，我就能如實的看見自己，並且經歷「我是神」和「一切萬有」的概念，於是我高高興興地這麼做了！你們的科學家稱這是「宇宙大霹靂」，宇宙的大爆炸。

在大霹靂之後，出現了這裡和那裡的空間，以及非這裡也非那裡的中間，廣大的實相宇宙被創造出來了！時間開始出現，各星辰物質乃至於生命開始演化循環。因為我就是那開始與結束，也是那從未開始也永不結束的。我的目的只是體驗我自己是神、是愛、是一切，創造宇宙萬物其實只是我為了滿足好奇心的遊戲，而你們正在我的遊戲當中……

那些罪大惡極的事也只是祢的遊戲？

等一下等一下！耐心點，聽我說完。那些我分裂出去的部分，各自變成帶有我的本質的靈魂，祂們是縮小版的具體而微的神；為了愛，我允許他們擁有自由的意願，選擇各自的生命歷程去演化。而在相對的世界中存在著對立面，若沒有惡就不存在善，沒有上就不存在下。有些靈魂「選擇」要經歷那並非被稱之為善的過程，以便明白何者為善。我前面說過，每一個靈魂有其各自的選擇，而我對一切表示尊重，並且明白其結果的保證。

祢之前曾經解釋過這些，那……我可以這麼說嗎？那些所謂的惡事，也是祢默許的？

聽起來像是指控呢！我卻要告訴你，我沒有默許，我是允許！因為神是那絕對的愛與包容，沒有什麼是我無法接納的。所謂的「惡」也只是你們相對性的說法，畢竟，**魚不會知道自己在水裡，直到牠離開水面……**

所以祢允許我們偶爾離開水面，祢創造了那個可能性，以便使我們感覺在水裡時的幸福嗎？

是的！我創造了那個可能性，因為我可以無盡的包容、接納你們一切的創造和所有的發生，我給你們自由意志讓你們允許去惡，以便知道人類可以擁有何等的善；你們被允許去競爭，以便知道人類可以擁有何等的豁達；你們被允許去破壞，以便知道人類可以怎樣的建設……如果沒有你們「不是」的，你們就不會知道你們「所是」的，你們被允許去做一切的一切，我從不干涉，也從不審判！直到你們終於明白你們是我！阿們！

這似乎給了為惡者一個好理由呢！

我只是敘述真理，至於要如何解釋和應用，端看你們自己了。我說過，你們有自由意志，凡事都可行，但不都有益處。如果你們宣告自己要為惡，並斷章取義的用這真理說服自己「為惡是對的」，那麼就去吧！只是你們離回家的路會越來越遠。

所以真正的善並非是行止得宜和做好事而已，也包括接受一切的惡對吧？

接受是一種偉大的力量，它並不是對已經存在的事實的消極包容，它的力量在於它不去對抗，不去執著於「預期」的結果，因而能夠超越預期。所以當你開始接受時，你會發現那和你對立的力量已經消失了；反之，當你越是抗拒，就是越賦予那對立面力量。

所以以暴制暴是不對的了?!但是我們不能總是看見有人使壞或是做出傷害他人的事情而不制止或反抗，有時候暴力正是制止暴力的手段。

暴力是無知的生命在無力的情況會展現出來的行為，它需要的是被理解、被接受和被寬恕。每一個暴力行為背後都有一個需要寬恕的理由，你明白「所有的攻擊都是一種呼救」，他所行的暴力正是他所能展現的最後吶喊；你可以用不對抗的非暴力手段加以反制，以避免受到傷害，而非一定要以其人之道還治其身。

若是傷害已造成呢？難道也不該還治以暴力？《聖經》上也說以牙還牙、以眼還眼。我也憎恨暴力，但是有時候非得這麼做不可！

你需要去思考的是，你為何會吸引這暴力的傷害來到？只有從最根本的原因去了解，才能終止暴力，而非思索如何還之以暴力。

《聖經》上說以牙還牙、以眼還眼；但也說，若有人打你的右臉，你要連左臉也讓他打。這並非告訴你，遇事應該報復或是逆來順受，而是要讓你們對於「這麼做」與「不這麼做」的原因，自己必須要清楚的明白。而**這個原因永遠不該和「情緒反應」有關，卻永遠應該和「你是誰」有關**，否則只是讓惡性循環繼續。因為情緒只是一種身體暫時性的生化反應，當它出現時或許很正常，但是依它而產生的行為，卻很可能不會得到你所希望的和平。

這麼說，祢還是有條件的同意行使暴力嚕？起碼在不帶情緒的情況下……

若我說其實我是無條件的同意你們行使暴力，你會認為我不神聖嗎？**你們行使暴力幾千年了，問過我嗎**？有多少暴力曾經被人以我之名發動的呢？但我都看在眼裡接受了。你剛剛說你憎恨暴力，你希望我也和你一樣，是的！不過和你不同的是，我不會憎恨，一切的發生都只是存在的一部分，都是我的一部分，我沒有理由憎恨它們，就最後的結果來看，沒有任何傷害會發生。而**憎恨暴力不會帶來和平，你必須要熱愛和平才會帶來和平**！這也是避免遭受暴力傷害的最好做法。

祢是說祢不會憎恨嗎？所有宇宙中發生的事情，沒有一件會使祢生氣或是不悅？聽起來祢像是沒有任何情緒的神。

這並非事實的描述。若我沒有情緒，那你們也不會有！我也曾經試圖著要去生氣，但那一點道理也沒有，我為什麼要對我所創造的一切生氣，難道我沒有辦法讓他們照著我的意思去做嗎？我當然可以，但是那樣的話，生命的意義在哪裡呢？愛又放在何處呢？後來我決定讓生命自由發展，我在完成創造之後，便開始扮演觀察者和協助者的角色。

扮演……呵呵，聽神說「扮演」二字，感覺更不真實。

這不就是許多人對神會有的感覺嗎？我只是順著你們的感覺去說話罷了。不過到目前為止，你不認為我的角色扮演得很成功嗎？

豈只成功，簡直是棒呆了！

謝謝！你也是……

我嗎？我差得遠了，很多時候我甚至連養活自己都成問題……在扮演我自己的角色上，我想我一點也不及格。

你又來了，又把自己看得如此不值！如果，你把你的成功只是建立在「生存」上，那麼你對你的實相還沒有完全的了解。事實上你們的每一生都只是短暫的過客，**擁有什麼樣的生活並不是重點，重點是用怎樣的態度去生活；發生怎樣的事情不是重點，重點是你怎樣去解釋那件事情；活在怎樣的環境不是重點，重點是你怎樣的去創造你的環境⋯⋯**而所有的選擇都只有一個答案——「愛」，而那與你的收入一點關係也沒有。

是的！但是我不能用「愛」來支付帳單啊！

孩子！一旦你明白這些，你就是正在為你的人生創造價值與意義；一旦你開始明白這些，你所要的那些財富將會自動的到來，帳單將會有如鴻毛般輕盈。

我希望是這樣！我這一生到目前為止都是在掙扎中過活，祢可以聽得出來我累了，我才三十六歲，但是所經歷到的生之苦卻是超出我所應有的年紀⋯⋯

我知道我知道⋯⋯

不知道為什麼⋯⋯當祢說「我知道」時，我忽然有一股想哭的衝動，好久沒有這樣被了解的安慰……彷彿是嬰兒在母親懷裡的感覺……

你已經開始漸漸找回你遺忘許久的記憶了……

是祢幫我找回來的吧?!

不!是你自己的意願和選擇……我只是從旁協助而已……

老天!我真是……真是好愛祢……

我也愛你,孩子!

答應我,不要棄我而去!

我答應你,我隨時都在!記得呼喚我……你累了吧!先去睡一下吧!我會在雲端看著你,讓天使在夢裡給你最大的祝福!晚安!

晚安！

✧有彈性的因果律

我們上一次的談話被我的睡眠中斷了，真是抱歉！但是好久沒有像最近這樣睡得如此香甜，我一直都有睡眠上的障礙，或許是長久以來的壓力都太大了……

這方法似乎對你還蠻有效的！我是說，和我說話或許是你最好的紓壓方式。你其實需要有人跟你說說話，你最大的壓力來源就是沒人懂你，你太在意周遭的人了。**事實上你並不需要「被了解」，你需要的是「了解自己」**，若是你真的了解你自己，你就能夠學會超然；而你很有可能再也不需要開口說話，因為你不再需要表達需求或是影響他人，你將超越語言，用另一種頻率溝通。事實上你現在正在和我一起練習。

超越語言……祢讓我想到在某次的研討會上，我得知富勒博士（Buckminster Fuller）這個推動人類文明的推手，他自述生命中某個階段曾經失意到企圖自殺，他整整靜默兩年不開口說一句話，全家人都受不了他；但是他卻進入了一種深沉廣大的思維領域，他後來成為廿世紀影響地球和人類最偉大的人之一，他的許多思想學說和發明都改變了人類的生活。

你想到了……真好！你現在的狀態其實和他當時很像，所不同的是他並沒有將我和他的對話記錄下來，但他留下了其他的著作和思想。

祢不會是在暗示我將像他一樣偉大吧？

你在開什麼玩笑？**你們每一個都是偉大的化身，都具有偉大的種子**，但是必須要你們自己將能力釋放出來，就像獅子從來就知道展現叢林之王的力量一般。

我了解了……所以，靜默的力量是很偉大的對吧？它可以釋放真實的力量。

那力量遠超乎你的想像。**當你可以靜默，你就能認識真實內在的自己；一旦認識了自己，你就能夠超然物外；當你可以超然物外……你就可以改變這有形的世界**，當然也包括你自己的世界。

超然……活在塵世中該怎樣超然呢？那似乎是一件很不容易的事情。

沒有什麼是不容易的，**一旦你接受，就會開始容易**。獲得超然最簡單的方式就是——**「接**

受」，接受一切的發生，不為之下論斷，不為之起反應。「放下」一切執著，「放下」一切欲求。它可以濃縮成兩個字：「捨」和「得」，**當你開始放下了自我，你就能開始領受宇宙的豐盛；當你開始得著了豐盛，那表示你具有施予的能力。**宇宙是川流不息的，捨和得就是其中的思維精要和驅力。這門功課蘊藏著無窮的奧祕與趣味，這整部的對話都在教你這些。

謝謝祢！這對我真的很受用，現在，我想和祢談談因果律，這是各個宗教不約而同都會強調的觀念，我想聽聽第一手資料來源的說法。

因果律是最早被我制定的定律。在開始之前，那絕對的一體前，我就是因，我亦是果，因此沒有因果；直到相對世界區分了兩邊，時間出現，因果便產生。這是在相對世界裡，萬有都一定要「遵循」的律法，如果有律法的話，那這就是唯一的一條！其他的定律都只是現象的敘述。

不論善惡都免不了產生因果。但是**因果律並非是要使人心生恐懼而端正其行的設計，在相對世界裡，人畢竟會犯錯，錯不是「罪」，也並非「不善」，那只代表一個有待進步的靈魂，需要的是修正而非懲罰。**值得慶幸的是，因果並非沒有彈性，你們仍然可以透過改變你們的思、言、行來影響結果的發生，那並不影響因果律的進行。

例如像是做一個懺悔的禱告嗎？

我並不需要你們懺悔，我要你們進步！懺悔無益於自己，只是讓你們升起虧欠之心，而虧欠之心卻是對你們靈魂有害的毒藥，因此**不要懺悔，卻要修正！**當你發現自己做了一件你認為不對的事情，告訴自己沒有下一次；當你發現自己說了一句你認為不該說的話，告訴自己沒有下一次。並且用愛與關懷去讓對方感受到你的真誠，這樣你也就改變了因果！

我們得到的教育是「懺悔」是好的，是必須的，甚至當作是一種謙卑的德行。

問問你自己，當你懺悔時感覺如何？會真的「舒服一些」嗎？多半不會，只會加強那愧疚之心而已。當你不斷的餵養你的愧疚，你只會造成更多值得愧疚的事，因為你的潛意識將吸引他們到來。**真正謙卑的德行並非生自於愧疚心或是懺悔心，而是明明白白接受那已經造成的事實，並且真心誠意的用最高的愛與善去行動，去改變那狀態。思想只是連接宇宙的鑰匙，而行動創造實相的力量，**當你發現你做「錯」了，不要愧疚、懺悔或彌補，直接用你最高的意念去行動，那才是自由意志和靈魂的完美搭配。《聖經》上曾經說過「立志行善由得我，行出來卻由不得我」，這其實只是為自己偏差的自由意志在脫罪。**有多少人懺悔完後依然故我，又有多少人可以常保愧疚與彌補之心？**

小時後長輩都告訴我說「舉頭三尺有神明」。

神明處處都在！並非僅在頭頂三尺處，你們喜歡說「人在做天在看」這話是不錯的；只是要知道，其實記錄著你一言一行的並非是我，而是在你們靈魂的深處，任何的起心動念你自己最先知道，也都被靈魂一一記錄下來，以便做為你繼續下一段歷程時的參考指標。你們以為它是「死後審判」的依據，我卻要說，沒有死亡，那也不是審判！**那只是讓你更清楚自己是誰，可以依著去進步自己的指標。**因此，行行好，做一些對自己有利、對他人也有益的事吧！這樣你也提供了讓其他人進化的機會。

呵呵……我原先是想要問祢關於經商的事，拉拉雜雜的，我們居然聊了那麼多和經商無關的內容……

總是會有關的，你認為認識自己內在的神性和經商無關嗎？你認為單憑你們的心智小我可以創造出奇蹟般的事業嗎？你們島上企業的平均壽命不到五年！我告訴你，若沒有我——你的靈魂的認同，則你們什麼都做不到！要永遠記得你內在的本質就是愛，**如果你要在商場上有任何偉大的成就，請你在做任何決定、說任何一句話前思考：「這是愛嗎？」只要你感覺到相反的答案，請你立刻改弦易轍，**這樣你或許短期蒙受損失，而更大的財寶，你在天上的父必要加給你了！

但是我仍然渴求世間的財寶。

我並沒有阻止你獲得任何世上你所想要的，但是問題依然一樣，「這是愛嗎？」若這是你選擇所「愛」的，所「是」的，那麼宣告它！你就不會錯過它，正如同你不會錯過我一樣。就去選擇，就去愛吧！**用愛命令宇宙滿足你的一切——用不會有人損失和傷害的方式！**

這份渴求即使奢華到超出了我的需求，只要我愛，我依然可以創造並擁有嗎？

我的孩子！這個世界只是個遊戲體驗場，所有一切你所說的「世間的財寶」，在我眼中都只不過是小孩的玩具。是的！你可以創造並擁有你所稱「奢華」的玩具，這並不影響你內在的神性，畢竟你只是要體驗「擁有玩具」的感覺，體驗過後當你決定更上層樓，你就會簡單的將之棄置一旁；不是那些玩具不好，而是你已經長大到不再需要它了。你需要注意的是，**讓自己擁有奢華而非讓奢華擁有你。**

若你因為可以獲得的奢華生活而驕傲，甚至目中無人，則你已經矮化了你自己，因為一個生命體竟然因為物質的東西感到自豪，而非因為生命本身。若是這個世界有「應該詛咒」的奢華，就是「目中無人」的奢華。**一個大師被允許可以奢華，是因為他願意將這份奢華與他人分享，甚至告訴他人「你也做得到」**！因而成其大師，他展示了生而為人是可以達到怎樣的創造力與無我的境界。

我明白祢前面說的，只要提升內在的神性與愛，就可以將黑暗驅逐。但是，有沒有具體一點的行為模式是祢可以建議的……例如說一個企業家該怎樣去表現他的神性與愛？

你讓我變成企管教授了，呵呵！是的！愛沒有形象，無法具體，也因此愛可以有無數的表現模式，並沒有應用在哪個方面的差異。所有的商業領域……孩子！所有的！**沒有一個可以自外於神性與愛而還可以基業長青。**運用心智小我的任何行銷伎倆所能得到的，都將只是有限和短暫。我不需要一一針對各領域去說明愛該有怎樣的表現，既然愛是唯一的答案，那麼傾聽你靈魂的聲音，順著直覺的答案走，就能做出最佳決定！要知道的是，最佳決定往往不是最賺錢的決定，但是只要有人可以超越利益，我保證……我保證，他會獲得比他所想像的多更多，直到溢出來還要再加給他。

窗外下雨了……河邊有一道彩虹，好美！那是祢嗎？

是的！孩子，這是一道愛的彩虹……帶來我的祝福。看哪！我在落下的每一個雨滴裡……我在馬路凹陷的水塘裡……我在機車濺起的水花裡……我在低矮的雲層裡……我在愛你……出去走走吧！帶著你的狗，和牠一起在雨中散步，你也可以從牠愛你的眼神裡看見我……

✧ 輪迴是必要的設計

我感覺到我們的對話似乎快結束了……我還有幾個問題想問祢。

我們的對話不會結束——直到世界的末了！孩子！你可以隨時呼喚我，我如影隨形。只是我知道你必須要休個幾天假，你這一週的「閉關」已經使你幾乎沒有其他的人際互動。這樣是不行的，儘管你與我很親近，但你仍活在塵世中，你需要出去交些朋友，我不是要你變成「宅男」。

祢說過我曾經是個天使，我是一個怎樣的天使？

孩子！你是天使！每個靈魂都是一個天使。但是只有部分的天使自願留在絕對空間裡協助，而你也曾經是絕對空間裡的天使，只是因為你強烈的好鬥天性，讓你無法愛你所愛的……而絕對世界中卻只存在著善與愛，一個缺愛的好戰天使只能在相對的善惡世界中去淬鍊自己，直到他明白愛才是最有力的武器。

我來這世界已經很多次了嗎？

不少次，事實上是幾百次……在將近三千年裡，我無法給你精確的數字。你天性固執，相同的經驗都非得經歷過好幾世，還不見得得到教訓，每次都是好了瘡疤忘了痛，因此你會發現，你這輩子很多事似乎總是在兜圈子。而現在，終於，你選擇了不再兜圈子，選擇了回家最近的路。

老天……

是的！老天……當你開始會呼喚老天，你就開始了神的道路了。

不是！我的意思是說，輪迴是真的！那些西藏喇嘛們說的都是對的！原來輪迴……是真的……

喔！老天！跟你說話有時候真是雞同鴨講……連我都要喊老天！我早已經說過而你卻還懷疑！真假和對錯於你而言真的那麼重要嗎？若要依靠真假與對錯做為你行事的準則與判斷的標準，那麼你還有很多的苦頭要吃！要知道，真假、對錯不過是一種相對世界的價值觀呈現，而這人類的價值觀又經常性的在改變；若你心中存有不變的價值觀，反而很多時候你會感到錯愕與驚訝。那將使你距離真理之道越來越遠。

好嘛！抱歉，只是透過祢再次證實了原來輪迴是真的，讓我感到驚訝！畢竟基督教是不談輪迴的，只講永生……

關於輪迴，是的！的確有輪迴，那是必要的設計，最早期的《聖經》其實包含著輪迴的敘述，只是後來教廷為了達到其「操控」的目的而將其刪除。我可以理解，若是讓民眾知道可以有無數次的生命機會，則在此生中就難以要求他們行止得宜或是照教廷的規範做事。幸好這不是唯一的宗教信仰，有其他的宗教說出了這個事實。

儘管如此，基督教說的永生也沒有錯，因為靈魂確實永生，而生命只是改變形象。**以生命之多彩多姿及千變萬化，和靈魂所想要的進步而言，短暫的一生怎會足夠？**若說我要求你們在一生中就要完成靈魂的進化，未免太過苛刻，那就不是愛！**只有透過輪迴可以讓你們有無數次的機會去經歷和進步。**已經有那樣多的人曾經「記得」他的前世，並且出版書籍敘述，你認為那只是矇人的嗎？

不！我相信是真的！

對！你相信是真的，只是你心中仍然存疑！就像這整本對話一樣。

好吧！我承認。但沒有辦法！這世界有那樣多的資訊，我無法每一件事情都全然相信，畢竟當中有些是假的……

在你並不具備分辨的智慧時，你如何認定對錯與真假？凡是你所接受的，你就認為是真、是對的，而凡是你所不接受的，就是錯和假的。但你是否發現，即便你不接受，該發生的仍在繼續發生，事件不會因為你不接受而改變，因為那叫法則。**「不接受」只是你小我的一個機制，讓你陷在這幻象中繼續遠離真相；若是你能接受一切，則不論真假對錯，於你而言都變得透明起來，你反而可以讓真相自行顯明。**

好吧！祢之前已經說過這個。我明白了……要接受才能認清真相。祢剛剛說，有人甚至選擇投生到牲畜？那怎麼可能呢？

呵呵～你又來了！才剛說過要接受的不是嗎？那些出於自願當動物的靈魂，多半是懷抱著「愧疚感」的靈魂所下的決定，也有不少的靈魂是快樂的選擇當人以外的動物，你們不也有時會說「當狗真幸福……」或是「下輩子不要再當人了！」這類的話？我甚至現在就可以告訴你，你身邊的這隻狗，就是自願要當動物來陪你的。牠曾經是你的情人。

「果子狸」?!難怪當初是牠自己來找我的！我也是當天臨時起意決定要養牠的。

你們約好了，這當中沒有偶然。

祢知道嗎？我已經養牠四年了，怪不得我老覺得牠看我的眼神不一樣！又特別黏我。

而且牠特別的聰明不是嗎？有些動物也和人一樣，會記得「部分」的前世經驗。

可以多說一些關於我的狗的事情嗎？

牠曾經是你的情人，那個時候的你是個女人，坦白說，你當時的性子很剛烈呢！但偏偏你有著出眾的外貌，而牠當時則是個癡情的男人，牠現在看你的眼神也和當初一樣深情。

我們當時沒結婚？

沒有！

為什麼？

因為當時你的家人認為他並不是個適合的對象，因此儘管你很喜歡那男人，卻仍選擇聽從家人的安排另外嫁人，那個年代可不流行自由戀愛。

我們相遇幾世了？後來有結果嗎？

你們至少在這三百年內都有相遇，但是總是聚少離多。

那怎麼可能？如果我對他真的那麼重要，他難道不會把和我共度一生寫進他的生命藍圖嗎？

我的孩子！請允許每一個靈魂保留自己的選擇，並且也請尊重他們的決定，我相信他會這樣安排一定有他自己的原因。要知道，他也是一個正在進化中的靈魂，而所有他為自己安排的一生，都具有進化自我的目的。

那我和牠……

好啦！別再問你的狗的事情了，我不想讓這本對話變成靈異書籍。

✧原諒自己，寬恕他人

喔……好吧！反正以後我會知道的對吧?!對了！我聽說透過催眠可以回到前世，這是真的嗎？

關於催眠的事情，是的！的確可以透過催眠的方式擷取靈魂中的前世記憶，但是真正有能力做這事的人不多，通常他們也不太願意做。人們遇見的多半是神棍或是行為偏差的心理學研究人員。如果要問我是否贊成透過催眠回到前世，我的答案是：可以！但我要問的是：為什麼要？

我說過，所有的東西你們都已經知道，全都記錄在靈魂裡，只需聆聽內在那最清晰明確的聲音。只是你們並沒有聽從靈魂的指導，你們讓心智和身體主導一切！就算知道了前世經驗，就真的能幫助你在這一世過得更好嗎？

傾聽靈魂吧！祂是全知全能的！你們有宗教說「放下我執」，便是要人們放下心智小我的欲求和執著，傾聽靈魂的聲音，和那終極的存在合一。那聲音伴隨著直覺，極其細微卻又強烈清晰，你不可能忽略祂，除非你早已被心智小我與塵世矇蔽。

業障到底是什麼？地獄真的不存在嗎？

你們認為，因為前世做過什麼事，而導致今生必須受什麼果，是嗎？的確！因果律是宇宙的定律，但卻沒有你們所認為的業障。所謂的「業」指的是一種「生命過程中發生的印記」，當靈魂脫離肉體進入到絕對空間時，將會瞬間明白，生命中一切的發生都是自己所選擇的，恩怨瞬間化解，唯一有的只是被無盡的愛所包圍。沒有什麼前生造孽、今生受苦或是果報在後代子孫上的事，那些只是人們合理化不順遂所用的理由；**儘管宇宙是有因果循環，卻也提供了機會，讓靈魂藉由輪迴而進化，來達到最後的開悟。**

當靈魂進入了絕對的領域中，世間所謂的因果就已經消除了（絕對的領域裡，因果是同時存在的），取而代之的是全然的包容與了解、完整的愛與圓滿。藉由這樣的愛，他可以明白，當下一次他再度生而為人時，可以怎樣地去表現所學習和領悟到的。

若是那靈魂自覺有錯，也是可以選擇用一段受苦的人生做為贖償，這並不能被稱為「業障」，因為那是自己所選擇的。**若是今生有什麼經歷是非你所願的，應當知道那是在許久以前自己的安排和決定。**而當靈魂準備好再度進入肉體前，所有今生的經歷和可能的輪廓都早已被自己選定。

如果你選擇報復，那麼今生你就會讓你遭遇的對象不好過；同樣的，如果你選擇恨，那麼今生你就會經歷許多使你憤恨不平的事；如果你選擇奉獻與愛，你就會經歷到愛與被愛。一切都是選擇，早已被你們自己選定了！至於為什麼選？天曉得！也許只是去經歷，也許只因為仍舊執著，或也許只是好玩！總之，人的一生並非是由過去累世的業障所造成，你們稱它為業障，其實那並不能被稱之為「障」，那只是自己的選擇，只不過被你們深深的遺忘罷了！

我說過，我願意每一個靈魂進步到與我合一，因此，**靈魂為了自己的進化，會高高興興地選擇適當的方式，消除一切不利進化的可能——儘管「適當的方式」可能經歷起來不是那麼的舒服。**

大多數人認為，輪迴轉世主要是因果帶來的懲罰，其實，**提供進步的機會，才是輪迴轉世的積極意義**，而非你們以為的懲罰；懲罰無法帶來愛與進步，我無需懲罰誰來證明我是神，更沒有什麼刀山油鍋的地獄與永火的煉獄，除非……那人對自己想像出來的地獄意識竟是如此的深信不疑，就會真的創造出地獄來，則那靈魂脫離肉體後便會有一段時間經歷所謂的地獄……但不會待太久，很快他便會發現，那是自己所創造的幻象，然後直奔我而來……並且繼續選擇下一個歷程。

只有少數的靈魂因為思念親人、眷戀人世或是過度愧疚而留在世上，但為數不多；這些滯留的靈魂無有所歸，常伴生者，以至於影響生者磁場能量，導致一些生者在情緒及生理上的問題。然而即便如此，也不是生者的業障，要避免這樣的情況出現，只需要在內心「寬恕」死者生前種種的不當言行，或是用全然的愛放下對逝者的思念即可，很快地他們便可以開始下一段歷程。

祢前面有說到，有些人因為「愧疚感」而投生到牲畜；但祢又說，靈魂脫離肉體後恩怨盡消。既然恩怨盡消，那又怎麼會有愧疚的感覺，而讓自己投生到畜牲呢？

孩子！恩怨盡消是指對虛幻世間的一切而言。**原諒別人多半是很容易的，但有些靈魂還需要許多次的經歷才能學會原諒自己。**罪惡感和愧疚心是小我的把戲，小我不會因為肉體的死亡而減少其影響力；靈魂消除愧疚感就像你們消除罪惡感一樣，都是不容易的。並非每個脫離肉體的靈魂都可以明明白白的回歸我，並且在當下擁有自在圓滿的智慧。但是他們可以在我絕對的愛裡繼續選擇下一段經歷，直到他們不再需要選擇為止。

執。

這麼說我還真是冥頑不靈呢！都來這麼多次了還學不乖！我是說我的個性還是一樣剛烈固

你看！你又開始批判你自己了！**真正的原諒是從原諒自己開始！自己無法原諒自己，就算是神也無力拿掉你的愧疚！這乃是自由意志被設計的初衷！因為相對世界中你無法不犯錯。一個不能原諒自己的靈魂進入相對世界中，將會因為愧疚感而無法再度創造，當然也就無法經歷他真正想要的。**你可以看看你周遭那些充滿愧疚感和罪惡感的人日子過得怎麼樣？

原來如此……我懂了，「原諒自己」是自由意志被設計的初衷！這真是個貼心的設計！

我說過，我愛你們！但是就許多人「無法原諒自己」這點看來，你們的自由意志還真是不自由！卻不是由於其他原因，答案還是你們自己：你們不夠愛自己！你們貪愛的是那個心智小我的欲求。那個用恐懼把你自己和我分開的幻象。當你們開始願意用靈魂的欲求過日子，與我合一的結果，將使你們獲得真正的自由！

了解！祢前面說到，人生經歷都是自己選擇的，所以「命運註定好」是對的了?!既然都是自己選的！但是我仍然不明白，怎麼會有人想要選擇投生為殺人犯，投生為被害者，或者投生在殘缺的身體裡？

不！不要誤會！你們最早所選定的人生並非就是所謂的「命運」。你們依然可以隨時更改，就像從桌上拿橘子一樣的容易，只消透過意念，你在一瞬間就可以更改命運。**所謂的命運是個不存在的東西，除非你不認識你自己，沒有真正的憶起你自己，則你靈魂最早的選擇才會掌控你，變成你們所謂的命運。**對一個已經覺知的人而言，命運是不存在的，因為他可以隨時透過宣告改變決定，也就同時改變了未來。

至於你說，何以有人願意選擇投生做害人者與被害者，或是禁錮在殘缺的身體裡，孩子，我不會告訴你其他靈魂的意圖，但那些確確實實是他們自己選擇的；**儘管你看見他們受盡痛苦折磨，聽見他們悽慘哀嚎，但是你看不見他們靈魂的歡呼，因為通過那些過程，靈魂完成了他自己的淬鍊進化……**因此，不要詛咒你眼見的加害人和罪惡者，你並不知曉他們靈魂的意圖；也不要過度同情那些受害者，因為也許那靈魂選擇透過受害的角色來完成進化成長。

要是那加害他人的是小我的意圖，並非是那靈魂的意圖，難道也不該詛咒？

不要詛咒，乃要寬恕，因為寬恕才是讓彼此靈魂進步的燃料。儘管很難寬恕他做的事，仍應該寬恕他這個人，否則你就是繼續傷害你自己，讓自己也掉入了小我的陷阱。

既然都是他自己所選擇的，那表示我們對周遭「看來」需要幫助的人也都可以漠視嗎？

坦白說，人類對自己周遭等待協助的人已經漠視很久了，許多幫助都是在帶有目的的情況下提供，或至少是為了讓自己感覺「像個好人」。**你們的目的性讓善舉蒙羞**！……我並沒有說「應該」漠視需要協助的人，我說的是「不要過度同情」，以至於干涉到那靈魂的意圖。

假如你在街上看見一個乞丐向你乞討，而你見他如此貧困飢餓使你心中難過，則你可以留下幾枚銅板，那是恰當的（但是不要預期會為你帶來福報）。當然你也可以冷漠無視的走開，心中不需存在愧疚（那樣也不會為你帶來業障），畢竟那乞丐走他自己選擇的道路是和你無關的。

是的！你可以漠視需要幫助的人，是否提供協助端看你如何選擇和宣告你自己！你選擇自己是個有愛心的人，很好！那麼你就不該漠視而應予以協助。你選擇自己是個肯奉獻的人，很棒！那麼你應該給予他更多。但是若你的協助始終無法助他脫離那樣的貧困飢餓，則你應該知道，那正是他靈魂所選擇的，再提供協助就是「過度」了，此時放手乃是明智之舉。

祢剛剛說，即便生在殘缺的身體裡，只要覺知，也可以瞬間轉變命運，甚至包括讓殘缺的手腳重新恢復正常嗎？

是的！只要那人如此的宣告並且毫不懷疑。醫學上已經有無數類似的奇蹟發生，之所以大多數殘缺的身體未恢復正常，只因為當事人並不相信或是並未如此選擇。而有些受限於身體的限制、確實無法再生肢體的人，多半是因為其靈魂如此堅定的選擇了殘缺，他仍可以透過強烈且無邊的心靈能量，創造出比肢體健全者更宏大的偉業或紀錄。

像「超人」男主角克里斯多夫．李維，還有台灣很多的口足畫家像楊恩典、謝坤山等……

是的！他們都是展現生命奇蹟的天使。類似的人不勝枚舉……你瞧！生命是很奇異美妙的不是嗎？潛能是無窮的，你幾乎可以運用你的潛能和宇宙完成任何事而不受限制，只要你選擇和宣告……在這之前，請閉上眼……拋開恐懼、猶豫和懷疑，體驗我全部的愛。然後你將展翅高飛，再度成為真實生命的天使！而我將是托住你羽翼的和風。

一旦你接受，就會開始容易。
任何人都可以展現奇蹟。

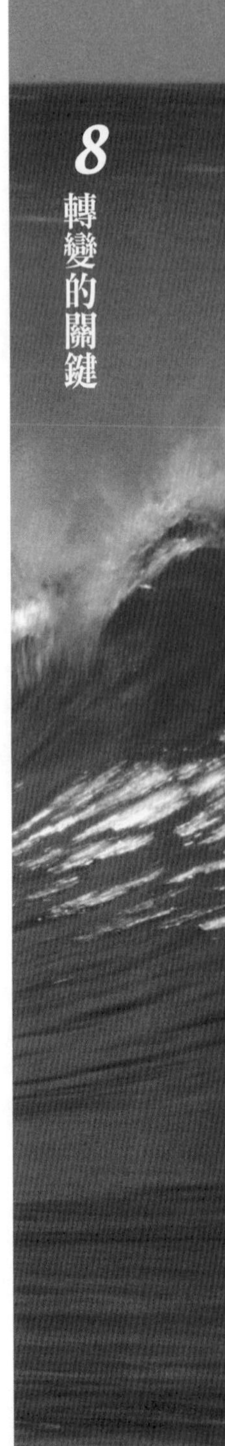

8 轉變的關鍵

✧尋找神vs.認識自己

和祢對話以來，我一直在想，如果我十多年前一讀到祢跟尼爾的對話就照著做，這十多年來，我的生命會不會和現在不同？

這是個沒有意義的問題！因為對你而言，過去就是過去了，你就算想破頭也無法回到過去改變些什麼，因為那是你的選擇。而你過去沒那麼選擇，就決定了現在當下。你當時的性格決定你要忽略我的話語，而我只是保持如如不動。**重點不是過去你怎麼樣，而是你現在打算怎麼做？我永遠給你創造的機會。**

祢知道我早晚會來找祢？

你無法不來找我。事實上人人都在找我，即使是無神論者，即使是如你一般的固執者。我說過，每一個人的靈魂都來自於我，儘管他在心智上否認我，靈魂也不能抹滅我。**因此當心智筋疲力竭時，就連最鐵齒的人都會呼喊：「神啊！」**你也只有在放下心智的時候，才能夠開始真正的認識我；我說過，在你的腦袋裡是找不到我的。

我承認這些內容的確對我幫助很大，但是祢已經有這麼多人做為祢的信使了，又為何要找我呢？

首先，孩子！是你需要我，你呼喚我……我聽見了你深深的祈禱。而且我們約好了不是嗎？我發現目前大多數人對於宇宙實相的訊息還是抱持懷疑，這引發了許多他們自己的痛苦；雖然我曾將許多了不起的觀念透過我的信使們傳達，但是透過你，可以為另一部分人解決一些問題。我的信使們對真理的詮釋和領悟雖然都各自不同，但真理卻是殊途同歸的。這個世界需要不同的信使，以便幫助形形色色的人。

祢引起了我另一個問題：那世界上有這樣多的宗教和神祇，也是為了各種人的需要而出現的嗎？祢知道，我一直被教育「只有一個神」，但是卻發現，光在我居住的島嶼，就有各式的宗教，用滿天神佛來形容猶不為過，更不要說世界上其他各國形形色色的宗教。

不久之前我曾經說過這個話題，我知道你心中有根深柢固的好奇心，所以我不介意再說詳細一點。事實上這個問題曾被廣泛地討論過：究竟只有一個神還是很多神？

其實只有一個創造萬物的神！但正因為祂包容萬有，蘊含一切，是那偉大的不可見者，所以祂處處都在！祂將自己化作萬般生靈與星辰大地。接下來我的答案可能會讓很多人吃驚，那就是——你就是神！你具有神的一切特質！你是神所化生的生靈！

所有人類供奉的神祇都只是人們內在神性的投射，不論是遠古時期人們崇拜的自然萬物之神，或是某人因為在世上做了某件極為特殊的事蹟而在死後被人奉祀的神。這些都只是人類內在神性的一種投射，很正常，卻並不正確，因為**多數人們至今仍不清楚自己內在的神性，自然不會用合一的態度去看待神**。事實上，**一旦你認識了自己的神性，你就會清楚唯一需要拜的神就是自己——愛你自己！**至於有人說，那些被創造出來的神靈也「神威顯赫」，在我看來很正常——我不是說過你們是神嗎？畢竟，只要有兩人以上專注心力，就足以讓那個神真的成神，就可以讓類似「奇蹟」的事情發生。

所以那些乩童啦、還有什麼神靈附體啦，都是騙人的嗎？

我不會說那是騙人的。宇宙具有多重的空間，除了這相對世界的物質宇宙之外，還有別的你們肉眼看不見的宇宙，一些無物質肉體的靈魂居住在其中，那個空間接近我絕對的領域，也因此可以表現出超越這相對物質世界的能力。你們有些乩童被神靈附身，甚至還可以預言未來，那並不奇怪，因為在絕對的領域裡，時間並不存在，過去、現在、未來同時存在於當下，某些靈魂可以輕易擷取部分可能的未來影像，透過乩童陳述出來；而當這些預言成真，你們便說這位「神明」很準……其實並沒有什麼神，只是你們尚未了解這多重宇宙與不可見的精神體而已，**而「了解」將會為你帶來力量……認識你自己！**

既然祢說我就是神，那我現在對話的是誰？祢不正是神嗎？

我就是你，而你也是我。

我知道，我知道！祢說過我們是一體的，我的意思是……祢現在可以做些什麼來證明祢自己是神嗎？

我正在這麼做呀！你又為什麼不證明你自己？

我就是我自己呀！

我也是！

弄了半天，原來這只是一齣鬧劇，全都是我自己幻想出來的……

好了好了！我是逗你開心的！你有沒有發現，**嘗試著去證明自己是一件很愚蠢的行為？因為若你本「是」，又何需證明？**你將會對那提出證明要求的人感到不解。

言歸正傳，現在我要解釋為何我說「你就是神」。聽好了！人類一直活在分別的幻象中，自投生到肉體後，就處在一個相對的世界裡，遠離了實相。要認清自己和萬物乃至於宇宙是一體的，是何等的困難，更不要說「體認」。我說：「你就是神！」因為**你的每個細胞都是神的化生，你的每個意念都是神的意識，你的一切創造都是神的造化。**只有「自己就是神」這樣的一體概念，才是最正確的實相；但是我說的「一體」，也是相對性的用詞，有別於「分離」，因此也仍然不是全然的正確，但我知道你明白我的意思。

看來我們似乎一直在兜圈圈……最後的答案總是繞回「自己」……

這一點也不奇怪！要深切明白，**除了你自己，沒有其他，所有眼見的一切都是你自己。**這個觀念或許讓人難以接受，因為是那樣的殊勝，那樣的不可置信，但卻是千真萬確。

我分離自己為億萬靈魂，每一個靈魂都是神，每一個靈魂都是萬有，都包含全體，都是那開始與結束，也都是那永不開始與永不結束的。**只有處在幻象中的分別心將自己與神分開，將自己與自己分開，然後卻對著雕像呼喊著：「神啊神啊……」**也因此你會發現，那些真正的修行或求道者，多半是向內探索尋找，而非成天燒香拜拜。他們靜坐冥思，他們打禪靜心，這些都是尋找內在之我——神——的方式。

只是我現在要說，**不要找，去宣告！**向宇宙宣告你就是神，因為你為什麼不是呢？你具有創造生命的能力，你具有操控宇宙的力量，你具有無中生有的本事。這些你都具有，並且也不會有什麼「死後的審判」、「地獄的刑罰」，因為沒有真正的死亡，我不會說那是死亡，我會說那是不堪用的身體。但你，真正的你卻是永不毀滅的！你們可以高高興興的來世界，又歡歡喜喜的走，然後選擇要不要再來世界或是怎樣的來。

那現在祢可以告訴我，到底我是不是正在跟神說話？

呵呵！你還真是個執拗的傢伙，非要問到底！你跟我說話了大半個月，你還在質疑，究竟你是質疑我還是質疑你自己？

我想……好吧！我是質疑我自己吧？

停止這份質疑吧！如果你想認識你自己的話。我現在可以明白的告訴你：是的！是的！你現在正是和你的神，你的內在之神——靈魂說話。你可以給祂任何名字，上帝、超意識、本我、佛祖、菩薩，甚至是阿拉……你們有一句話說「拜神就是拜自己」，這句話可是千真萬確的！儘管我是不需要「拜」的，我一無所需。

我一直以為我是在和天上的祢說話……弄了半天，原來我是跟我自己的靈魂在對話……

和自己的靈魂對話有什麼不對？你們都太依賴心智了，**如果你們都知道要經常的和自己的靈魂對話，就不會把生活搞得一團糟！**因為透過靈魂，我會將我的建議以直覺或是靈感告訴你，**只要夠敏感，都可以免費獲得我的幫助。**我住在觸目所及之處，也在眼目所不及之處，你們為何總認為我只在天上？我告訴你，我就在你裡面，我是你的靈魂、你的細胞……我也是你口袋裡的鈔票，是愛你的小狗，是灑落的陽光，是綠葉上的露珠，是讓你落淚的電影，更是透過你的手使你震撼的文字……這一切的一切都是我！也是你！我的孩子！

所以究竟有沒有一個真真正正的「真神」好讓我們信仰的？我是說除了我自己之外。

我找找……

找？上哪找？

是啊！上哪找？如果你一定要一個自外於你的神的話，就非得找一個了。

我再告訴你一次，你就是真神！要問你愛你自己嗎？若是，那你就是愛真神！你對自己有信心嗎？若是，那你就是信仰真神！你對自己真誠不虛偽嗎？表裡合一嗎？如果是，那你就可以隨時跟真神說話並且得到回應。記得我說過的，每一個禱告都會得到回應……

只是你要小心，你的心智小我也會說話，並且說得更多，卻多半不會為你帶來平安喜樂的結果。**要分辨是來自靈魂或是心智小我的聲音，只需要靜默一下，感覺「平安嗎？」**若你說的這句話、做的這件事讓你有不平安的感覺，那多半只是你心智小我的意圖，就並非適合那樣說和那樣做了，因為**平安的感覺才是你靈魂真正之所需，那是你靈魂的紀律！**

祢說的這些都是那樣的令人不可思議，不禁讓我懷疑，會有多少人信它。不是每個人都可以接受自己就是神的觀念……

我說過，我不在乎。人類已經存在幾千年了，真正的覺悟者卻是那樣的少，而我可以永遠等下去。該著急的是你，如果你宣告要去傳遞真理，就不應該擔心也不應該懷疑會有多少人信，因為，**覺醒是那不可避免的，卻是那可以等待的。**你可以用盡你的一生去做這件事，但是別弄出個什麼宗教來，**那只是讓相對幻象又更加深的伎倆。**

✧人人都有超感力

一個月後……

這一個月來，我的身體起了巨大的變化！在沒有徵兆的情況下，我一夜之間開始了一場大病：先是頭痛欲裂，然後是額頭發脹，隔天不得不去看醫生；診斷結果是急性鼻竇炎，雖然吃了藥但是效果並不好。接著連續將近三週的時間，我半夜抽筋打擺子……整個身體從上到下、從裡到外，沒一處是舒服的，只有少數幾天我能虛弱的下床走動……

儘管身體處在極大的痛苦裡，我的內心卻超乎以往的平靜安詳，甚至萌生幸福的感覺。有幾個晚上我甚至看見天使，我以為我會死掉。坦白說，當時真認為死了或許還舒服些，沒有身體的折磨，那種幸福真是輕盈自在……

我知道你度過了艱困的一個月，但是，一個全新的人生將會展開！

我希望如此！

對你而言，這或許是個特殊的經歷，但是也只是個過程，其實真正精采的還沒開始呢！你所經歷的是被稱之為「拙火」的現象，其目的除了掃除你體內的負面雜質外，最重要的作用是：改變你身體的磁場，好讓你對於某些人以及某些未來的訊息掌握能更精確。

原來如此！我還以為我看到了幻覺。有時候當我在和人說話時，雖然我肉眼看著對方，但是腦袋卻出現和對方有關的畫面，並且可以感覺到他生命能量強弱……甚至是說出口的話語真實度。我是說，並不是每一次都可以，如果那個人在某個層面上和我有關係，我幾乎都可以知道某些關於他的資訊。祢似乎開啟了我與祢溝通之外的特殊能力？

其實那能力是每個人都具有的，只是被棄置許久。既然你已經具備了這些力量，就要學習如何使用這些能力。

我該做些什麼？

目前暫時你什麼都不需要做，你的身體仍需要一些時間恢復。現在你只需要好好休息，一切你需要的我都會為你預備好……

9 工作的意義

✧職場就是道場

二〇〇八年七月二日，我接到父親的電話，引薦我去一家律師事務所上班。我很訝異他居然如此關心我的工作，遠超過從前他對我的關心。其實早在六月二十日我就已經替自己找好了一個健身房的新工作，只是就在我要前往面試前一晚，居然又開始發燒，逼得我不得不放棄前往面試。當我接到父親的來電時，瞬間我當下想要拒絕，卻開不了口：這似乎是祢為我安排的新工作？

一切都已經被安排妥當。你會發現，凡是與你任務無涉的決定，都會出現障礙，去健身房並非與你的任務有關。而之前我曾說過你完整了，那意思是說，你和你的父親已經不再像過去那樣的彼此誤解以及傷害，當然我在他身上也做了一些安排，才會讓他發生使你驚訝的改變。這一份工作將會大幅提升你的心智與觀察力，但是你必須要知道如何扮演好你的角色；你必須結合你的靈性，參與這份工作，幫助那些陷入困境的人們，而我已將你所需要的支援安排妥當。

我還是必須要當個上班族是嗎？

你仍然可以選擇不要去上班呀！只是你要如何面對你的承諾呢？……畢竟這是我們的約定。要知道，我的使者們都是在工作中發光發熱的。上班對你而言只是一個暫時的過程，乃是為你積蓄資源與能量，並且啟發你的智慧連結，以便你在任務中對應問題游刃有餘；若從心靈面來看，上班則提供了你一個實修的情境，因為**智慧若是不經過淬鍊就難以彰顯，就像燈檯被放在桌面下，甚至連自己也無法受益**。

雖然透過作家傳遞訊息是我常做的事，但是文字工作對你而言並不困難，簡單的事情並不需要你，你的天賦與我們的對話內容有著更有價值的工作要完成，你必須要經歷一段時間的試煉和考驗，以便你承接隨之而來的任務。

我以為祢會希望我透過某些能力去療癒這個世界，沒想到祢只是要我去上班。

你並非「只是」在上班！你是正在療癒這世界呀！看來你的腦袋還是受到了嚴重的制

約呢！你以為「療癒」僅限於身體嗎？或是僅限於某些心靈層面的提升呢？要知道，療癒將會是全面性的，從身體到心靈，從政治到經濟，從個人到全球，從世界的開始直至末了。而且**沒有一項療癒是和心靈脫鉤的**，也就是說，透過心靈的治癒，人類在許多層面上都將會大大的改變。

好吧！好吧！我知道……神總是做讓人想不到的事。我去上班就是……

聽好！這個世界上各個領域裡，都有我的使者們在默默地工作著，他們是光明使者，這世界需要更多這樣的人。而你，我的孩子，因著你過去的經歷，你將是一個現身說法的證據；我曾說過，**我要你們快樂及富有，而你們卻都在小我的影響下讓自己的人生陷入泥沼**。這並非我所樂見。**去利用你的職場做為道場吧！**這整部對話都將以你未來將要出現的人生經歷做為鋪陳，在工作和生活中帶出屬於真理的洞見。

我將出現的人生經歷？聽起來像是我將透過指尖預告我自己的人生？

孩子！你的人生藍圖早已經被你設定，早在你此生開始之前。這整部書並非預告你的人生，我只是清楚你的選擇是什麼，並且邀請你憶起你最初的安排，和你一同完成。

祢是說，我在我今生開始之前，自己安排了我所有的人生際遇，甚至也包括這一部對話？祢之前曾經約略提到，但能不能再詳加說明？

一切你其實都已經知曉，你只是忘記了，和你一樣忘記的人還有許多。現在你邀請我來，而我來的目的則是協助你憶起這一切，我們將一起喚醒其他的沉睡者。

告訴我，我為什麼會在今生開始之前做這樣的決定？到目前為止，我的人生似乎都不是按照我的所願去發生，我為生活奮鬥已經將近二十年，而我似乎還看不見底……

我親愛的孩子呀！我能明白你的感受。在你仍在我這一邊時，我曾經問過你：如果你要再度前往世界，你將如何選擇你的經歷？由於你已經經歷過許多次的人生，在你過去的每一生裡，你多半是只為了經歷某一個單一的過程或事件；而你這一次選擇要一個綜合而精采的人生，你要體驗人生的多種風貌和際遇，而不要是單一色彩的。你將體驗到最甘美的和最痛苦的、最低下的和最崇高的際遇，然後達到認識自己的實相和生命存在的價值，並且透過努力與真知讓自己從一無所有至擁有一切，最後你會將神的愛、神的真理和眾人分享……啊！我的孩子！這是你當時做下的計畫與藍圖，而你今生的一切正按照你所要求的出現。

好吧！但是我並沒有安排自己吃這麼一堆苦頭……我是說，當時的我怎麼可能會安排這樣自虐的戲碼給自己呢？

為了要讓你完成你要的人生經歷，首先你必須先遺忘你自己曾安排的戲碼，然後在一個隱形的地圖上展開旅行，就彷彿人生是沒有劇本一樣；但是劇情大綱卻是你最初安排給自己的，你無法不照著劇情大綱來。之前說過，若是一切你已經知曉，則就已經開悟，所有的戲碼將會停止，合一那一天終將到來。

我想祢可能會用「多彩多姿」來形容我的人生，不過祢剛剛說的那些「劇情大綱」，倒是有很多我還沒有經歷到的。我是說，苦的幾乎都嚐遍了……剩下甜的還沒有。

所以你是否應該要了結你自己呢？既然就要苦盡甘來的話。

早就不想了！如果這是祢對我做的人生預告的話，我會很開心那不好的都已經過去了。

孩子！那些你所稱之為「不好」的過去，也是你為自己所安排的劇情，你永遠無法捨棄它成為你事實的一部分。而**當你開始接受並肯定它成為你的一部分，那一段過去才開始發揮它

應有的價值，並且帶著你提升；否則，那對你而言，只是一段痛苦的記憶罷了！你將不由自主的陷入那樣的回憶而頻頻抱怨，人生因而更加困頓。**這困頓並非來自無知，而是來自於不接受。**

那麼我現在已經知曉了這些，我算開悟了嗎？

如果你還需要問我，那你就還沒有！但你已經進行得不錯，事實上是進步得很快速了，只是你離真正的終極實相還有一段距離。而在接下來的人生裡，我將履行我當初的承諾，前來協助你，你將會有意識的體驗到我的愛與幫助，而非像過去一樣對周遭的支持懵懵懂懂。

我即將前往上班，對這個祢所建議的新工作，祢有什麼話要對我說嗎？

這對你而言只是一個小小的考驗，讓你在經歷至福以後重新面對世界的人群。你將在職場中重新清楚的經歷並覺察到，你自己和人們的自我是怎樣的在為自己設下層層關卡、防衛與圈套，然後又哀嚎著要脫離圈套，直到他們明白一些道理……

我已經可以預想到，這可能不會是一個有趣的過程……

有趣與否是你的定義，它或許不有趣，卻是你邁向覺知的必經之路。真正的大師是不會以有趣與否做為決定的標準的，他們知道重點是什麼。而**通向天國的門總是窄小的，不縮小自己又怎能進入呢？要一個人能夠真正謙卑到可以縮小自己，最好的辦法就是層層的試煉和挑戰……**不過你卻可以帶著我的祝福上路！

✧剛強你的內在，柔軟你的態度

距離我們上次說話，已經兩個多月了，這兩個多月來，我一直忙於工作。祢知道嗎？我才去上班一個月，就順利完成兩個 Case，並且被單位主管欽點擔任幹部。這一切來得太快，我甚至必須要一天工作十二小時才能趕上我被交付的工作量……但不知道為什麼，我越來越感覺到這公司不對勁。有時候對公司的顢頇與不專業感到錯愕，然後一整天，我的情緒就會很差……因為顧客的問題得不到解決，有違當初我們承接案件時的承諾，但是行政團隊又不是我們可以介入的……真的很無力……最糟糕的是，我居然因為被提起來擔任幹部，而引起幾個老同事的不滿，到處無的放矢中傷我。我只想單純做一份安定的工作也這麼困難嗎？這就是祢為我設下的考驗？

瞧你的抱怨！聽起來你的確是處在某種程度的痛苦之中。這兩個多月來發生的事情，全都是為你預備的。在這公司裡，你有自己的任務，但你必須要自己去發現。過去你的心境經常處在焦慮與不安中，現在你的心境已和從前大不相同，隨時可以寧靜祥和。儘管如此，你仍然必須小心來自環境以及小我的攻擊，這會破壞你寧靜的心，讓你產生抱怨和負面情緒。雖然事件看似災難，卻是你必經的考驗，為的是再沒有任何事情可以使你生氣、焦慮或是急躁。

我在工作上的能力很被認同，因為我明白祢說的「角色扮演」的意思。但是有人對我快速的晉升十分不滿，並且已經展開詆毀的行動，我已經不只一次聽到一些批判與攻擊我的談話，我該如何因應？

首先！我沒有安排對手給你！**你沒有對手，你有的只是老師和天使**，你從某些人身上看見的無法接受的言行，只是你無法接受自己的那部分的投射。想想你自己過去是否也這樣做過？**當你真正接受自己的一切時，你也就能完全接受並寬恕他人所做的一切了！**

要永遠切記，**愛是唯一的領導模式**，在充滿小我的領域裡「修煉愛」，這是你在這位階的原因。**愛是接受，是動中有靜，是平和、喜悅和感恩。恐懼是排斥、抗拒、鬥爭、憤怒、痛苦……**不要因為抗爭而引起禍端，那並不是愛！

當你仰望蒼穹卻見不到神，豈不悲哀？當你君臨天下卻空無一人，你又是什麼？而**當你接受了一切，則你就是神！因為神也用完美的愛如此接受了你！當你接受了一切，你的人生將有如豐沛的海洋般滿溢，財富將只是開頭而已；你所專注的會擴大（專注在「愛」上，看看你會得到什麼），而你所抗拒的將會持續（繼續對抗，看看你會失去什麼）。當你接受了自己的不完美，你也就能接受他人的不完美；在這你所稱的不完美中，存在的即是完美，這一刻當中就有愛與謙卑！**

最近我的工作有一些瓶頸，我開發到一些客戶，卻一直很難 Close 他們，這也是祢的安排嗎？祢知道我需要業績才能生存的……

你現在需要做的是：放下你對這些原本要成交客戶的預期，**不要用預期心態去執行你的工作！**你要明白，你不需要成交客戶，你需要的是幫助他們解決問題並且提供信心，然後**對結果保持超然的態度**，成交與否並不需要你掛慮，因為結果是決定在我。

你並不需要指示我該產生如何的結果，只需完成你所需要完成的工作，這樣我們的合作才能順利開展……因為**我們是合作夥伴，你完成你的工作，我完成我的權責，一旦你執著於結果就是越俎代庖**，將會阻礙了我們所共同創造的結果。超然與不執著是你現階段的課題，超越此一階段，你將發現，事情是可以不費力地完成的。

還有，你說你需要業績才能生存，在你現在的層面上說這話是不錯的，因為你又回到了幻象中，你忘記了在五月時，我是怎麼供應你生存之所需？為何那時你並不擔心生存的問題，而現在卻擔心？

我不知道耶～才短短幾個月而已。但我覺得，我似乎脫離了那時候與祢同在的幸福和自在的感覺，我陷入了工作中，我忙碌到連吃頓飯都要偷時間，雖然我在工作上表現得不錯，但是我卻越來越不快樂……

孩子！不要忘記這一切只是你所必須穿越的幻象，你開始明白世人所過的就是這樣的日子，他們以壓力和時間為代價，把快樂當作最後的需要，而把富足當作最重要的考量。他們以為努力工作就可以富足，有了富足就可以快樂，其實，**富足也只能暫時保障你的生存而已；真正的快樂是無法在有限的資財裡獲得的，那一切的資財只是泡沫，終究是要消失。**

在實相中有無盡的資財可以毫不費力的獲得，若人能夠屏除幻象，得以一窺實相於萬一，就會真正明白我說的。而**真正的快樂在深深的寂靜裡，在淺淺的微笑裡，在全然的自我了解裡；**一旦有了這些，富足只是表徵，創造也將毫不費力。現在了解這些，對你而言並不困難，你將可以很快地穿越這些……

今晚我陷入了無邊的孤獨，這個月來，彷彿所有事情都在和我作對，我感到萬分的無助……

你一定感到很受傷吧！你在職場中難免遇到一些毀謗和中傷，這是我之前已經對你預告過的，就是你必須小心來自環境以及他人小我的攻擊。你今夜深深感到無邊的孤獨，所以才來找我傾訴，我明白；但你要知道，高處是不勝寒的，越往高空空氣越稀薄，溫度越低，你怎能期待在高處中還能有溫暖？除了唯一來自我的愛之外。

不順利的過程是必須要有的，因為只有在事件的衝擊中，你才能淬鍊出真知的火花，才能鍛鍊你超乎尋常的能力！是的，你會孤獨的經歷、承受這一切，因此你要習慣，不要奢望人群給你掌聲。你若是要一般成就，你只需要掌聲即可；**若是要非凡成就，則你需要攻擊與毀謗。因為你將從中學習到寬恕與謙卑，那是所有攀峰者的必經之路。**

真正的領袖，是不會期待來自上位者或任何他人的鼓勵讚美及關愛的眼神，因為他之上再無他人；反之，**若對這些讚美關愛仍有期待，則距離真正的領袖尚有段路程。**要知道，進天國的路是窄的，被呼召的人多、被選上的少，**若你不能成為孤臣，就不能領受我的大能。**

我想我受夠了！我自從去上班後，似乎就沒有過開心的日子。祢難道不能簡化我的生活和工作，難道我非得在一個難以忍受的環境下工作下去？祢知道每天光是……

如果你今晚打算抱怨，可能會錯過一些好事。**抱怨的語言只會吸引更多讓你抱怨的事情。**

是啊！但是，我總是需要宣洩一下情緒吧！

除非你還想繼續吸引那些所謂的爛事前來……

嘿！祢真是不通情理！連抱怨都不行！

我並非不允許，你愛怎麼抱怨就怎麼抱怨，愛怎樣宣洩就怎樣宣洩，我只是告訴你一個更好一點的方法，就是讓自己平靜下來。因為，**除非你有一個寧靜的心靈，否則你無法洞悉幻象，也找不到災難背後的祝福，而讓自己終其一生在情緒的大海中浮沉。**

祢總是可以讓我無言以對……所以那些令我抓狂的事都是必須要發生的嗎？都是為了要淬鍊我成為一名使者的考驗嗎？為什麼是我……我做錯了什麼？

你抱怨：「為什麼是我？」我的回答是：「為什麼不是你？」你問我：「我做錯了什麼？」我要告訴你的是：你沒做錯什麼，你只是沒做對了什麼！

我說過，這些都是你自己原先就設計好的戲碼，因為你也願意淬鍊出夠強壯的心靈去面對這些攻擊，並且還能夠微笑著承受並加以寬恕，因此試煉是必須要有的！宇宙是沒有錯誤的，因此若真要說你犯了什麼錯的話……那就是，這段時間以來，你一直忽略我帶給你的協助，也沒有應用我給你的工具。

坦白說，我發現你開始驕傲，你忘記了讓你的心智小我順服，而我曾提醒你需要在這部分多注意。的確！你是值得驕傲的，但哪一個人不是呢？每一個人都具有無法超越且獨一無二的特質，這份特質等待著被自己發現；一旦被發現，就會在眼神上與肢體上展現出生命力與自信，但真正的生命力與自信卻不是那種特殊性的驕傲。

我想我們談到了重點！正如祢之前所知道的，「特殊性」為我帶來了不少麻煩，但經歷過和祢的對話之後，大部分時候我已經可以安住在平安中，但儘管我刻意保持安靜、低調與謙虛，在工作中卻仍然麻煩紛擾不斷……

特殊性……我說過，每個人都是特殊的，你也一樣。你的主管因為欣賞你、信任你而願意委以重任，交付組織管理的工作；雖然有一小批人對你的快速晉升忌妒有加，但是無需擔心，不遭人忌才是庸才。「比成為別人議論對象更糟的事就是——沒有成為別人議論的對象」，這可是一句耐人尋味的經典話語。議論乃至攻擊等事件，在每一個職場都會有，而所有的領袖都是這樣淬鍊出來的。

我了解你已經極度刻意的要去隱藏自己的特殊性，嚴格來說你已經做得不錯了！只是你仍然會散發出與眾不同的特質，這一份形氣之所以無法隱藏，有兩個原因：第一是你的確與眾不同；第二是工作中的你渴望被重視與肯定。這兩個原因在所有職場的管理階層身上都可以輕易的發現。這種渴望獲得某種他人的認定，以便證明「自己」的存在，便是心智小我製造幻象的把戲。要知道，**任何「需要」去證明的都並非真相**，因為真相是不需要證明的。**若你明明白白就是你所「是」的，你將不渴求他人的贊同，（他人的贊同能證明什麼？）也不會排斥你所應承擔的。**

在相對世界裡，那尚未被「實相」啟蒙的人眼中，若沒有一個參考點，便無法確定自己的位置所在。一般人的參考點便是以世人的眼光為準（最早是來自父母的眼光），但是**有多少個世人就有多少種的眼光**，因此多半失之偏頗！若在這樣的情況下設立了偏差的參考點，而用偏差參考點所「肯定」的自己，只會得到偏差的結果，然後不但在幻象中迷失，更遠離了真相。

真正重要的東西往往不是用眼睛看得到、耳朵聽得到的，只有心靈才會知道，它並不彰顯於表象，更無需被證明。世人都追錯東西了，正像小狗追逐著自己的尾巴繞圈圈……然而，這一切事件都是要讓你明白一些事情。正因為你是你所「是」的，因此必須要去經歷這些過程。

我的使者沒有一位不具特殊性，有些把特殊性隱藏得很好，有些則否；但不論是否隱藏特殊性，他們皆難免遭受到各種的攻擊傷害。你若不能承擔，又怎堪此重任？耶穌和歷史上許多先知都是被攻擊甚至殺害的。

不知道為什麼，此刻我忽然想起，很久以前在教會中曾聽牧師說到的要「為主剛強」。

你不是偶然想起這句話的，這句話要強調的絕不是疾言厲色、怒目圓睜的傳遞真理，或是雖千萬人吾往矣般的悲壯情懷；這四個字要求的永遠是**剛強你的內在、你的靈，用最真誠、柔軟、謙卑的態度去實踐你的信仰。以這樣的態度內外合一、言行一致的表現，去活出真理、體現神的愛……**這就是為主剛強的真意。若能這樣行，則天國名副其實已經臨到他身上了。

我想，我的確離這樣的標準還有一大段距離，我承認有時候我仍會表現得驕傲起來，忘記隱藏我的特殊性……我注意到，一旦驕傲起來，甚至會忘記如何表現真誠和柔軟……

啊！我的孩子，你領悟得很快，很好！很好！但要做到真正的不驕傲，對你而言卻並不是一件容易的事！當你注意到你已經開始驕傲時，想想：你可以在地上生活而完全不仰賴神嗎？你可以影響日月星辰的運行嗎？你可以呼風喚雨嗎？神是一切萬有卻都展現謙卑了，人算得了什麼呢？又有什麼好驕傲的呢？

驕傲源自於比較，比較又來自於缺愛，在愛裡是沒有比較和計較的，更不存在驕傲。我實實在在的告訴你，**人和人之間都是獨立存在體，每一個都不一樣，每一個都具有無法比擬的特殊和榮光，這份不同只有差異性而不存在比較的基礎**。人若不去除驕傲，代之以謙卑柔軟，將會讓自己的人生陷入極大的困境；因為我說過，愛是不驕傲，一旦失去愛，你就會冷漠、攻擊、埋怨，而這些是失敗的集合體。**驕傲正是那與神分裂的動機**。有愛就能成就一切，我曾不只一次的這樣告誡你，你是知道的。

謝謝祢！我會努力讓自己進步。但祢知道我只是個人，有時難免還是會陷入祢說的那些狀態。

我知道你會的！你無法不努力讓自己進步，因為你的生命就是這樣設計的……但重點來了！你剛剛說你「只是個人」？

是啊！難道不是嗎？祢剛剛也說「人算得了什麼呢」。

我是那樣說過沒錯，因為，身為一個人，確實在肉體上是有所限制，但你聽起來像是用自貶的方式在為自己找藉口，這是一個了解內在力量的人所不會用的詞！那就像說「我只是具身體」。我要明明白白的告訴你：**你是有身體，但你不是你的身體；你是有思想，但你不是你的思想；你之為你，是那偉大的存在之精微版本，具有偉大存在之偉大的創造力以及洞悉力。**若你無法深刻體會這一點，則你將有如行屍走肉般地被自我的心智操控，活在抱怨、情緒、否認、責備和藉口中；就像某些人每天活在不變的生活與工作的程序裡，談論的盡是瑣碎的吃什麼、喝什麼、買什麼、玩什麼，張三說了什麼、李四做了什麼……而不是「我是」什麼！

「我是誰」，這是你們在人生中最重要的一個問題，有很多人卻是花了幾輩子還不能明白。我之前曾說過你（們）就是神，那可以是個比喻，也可以是個真實狀態，取決於你是否認識自己內在那股神聖的力量。

我明白！祢之前曾經提到過的。但是我想我需要一些時間，才能逐漸認識並運用這股力量……

放心！時間是無限的資源。若真要說，你還有一段漫漫長路呢！先去休息吧！時間是站在你這邊的。晚安！

晚安！

✧世間的遊戲規則

二〇〇八年十一月，我請了一天假前往山中放空自己。

在大自然中，我彷彿聽見花草樹木的呼吸和心跳……我處在一種極為安靜的狀態，卻不同於五月初遇見祢時的情況，我幾乎可以感覺到我就是那朵花、那棵樹……甚至連樹幹上的螞蟻，我也能感覺到牠的心情……那一剎那，我完全明白了我和祢是一體的，而祢原本就無條件供應一切……

喔上帝！祢知道我是多麼地願意無限延長和祢共處的時光！如果真的可以不必工作，我能將時間完全奉獻給祢，那該有多好！

孩子！**工作的意義遠超過生存，那是一種生活的態度**。一個人必須要在工作中去淬鍊他自己，以便使自己進步；若他真能透過工作而完成「認識自己」的功課，則此人可謂有福。可惜的是，**多數人都迷失在工作裡，忘了檢視自己是誰**，就像你當初去上班後，不也是與我中斷好一陣子嗎？你會注意到，多數人所談論的、所在意的，都不是和心靈有關，都不是和終極實相有關，而是他們的收入、身體以及這婆婆世界可眼見的一切。

你若時時刻刻在意的都是身體及生活的所需用度，你就進不到內在，也就自然遠離了天國，因為天國實相就在你的內心裡。**時時刻刻向裡面深深的觀察，分分秒秒活在覺察中，你就會發現，你自己比你原先所以為的更大，比全部之總合更廣，你就是那擁有一切而一無所缺的圓滿。**因為你的這一份覺察，你不需將時間完全奉獻給我，我也會從天上，將財寶傾注在你的居所直到滿溢。

謝謝祢！謝謝祢！我明白了……

現在，你已經具備了一切你所需要的工具和夥伴，你可以離開這個職場，你何不繼續之前經營過的組織行銷？這是你曾經熟悉的領域，你可以在這裡一展所長，為日後培養「一體意識」做充足的準備。

謝謝祢的建議！面對直銷這行業……祢知道嗎？這幾年的沉澱，讓我思考了很多事情，也反省了不少……我發現我過去太不成熟了，經常用天真的態度和方式在對應周遭的人和環境。不過十幾年的苦吃下來，也很難再讓我繼續天真下去了。

你們有句廣告詞說「幻滅是成長的開始」，但是成長過程中也有不斷的生生滅滅，智慧會生，夢想會滅，但不要忘記，**夢想滅了要再生**……因為在這過程中，你蒙受滋養，生命得以進化。

世界上很多地方將直銷視為「正當」的生意，在台灣，卻被很多觀念偏差的老闆利用來做為短暫獲利的金錢遊戲。甚至，許多老闆還強調，絕對不會有金錢遊戲……結果還是造成參與者的傷害。

嗯……強調即是缺乏，這是欲蓋彌彰的說法。因此，你為什麼不乾脆明白告訴大家，這其實就是金錢遊戲？

不會吧?!它是嗎？

它不是嗎？有哪一樣地球上的經濟活動不是金錢遊戲？起碼我看來就像遊戲一樣，有你認為好玩的遊戲，也有你覺得不好玩的遊戲；但是不管好玩與否，它都是個遊戲不是嗎？

坦白說，我並不喜歡祢把這行業說成遊戲……我說的金錢遊戲是指用騙術來包裝的投資行為，有點類似「龐氏騙局」。

我明白你的意思。不過，不管是正當的金錢交易或是包含騙術的龐氏騙局，都是金錢遊戲的一種，那些會被龐氏騙局所吸引的人，也多半是抱持著僥倖及不勞而獲的心態，本質上與騙徒無異，最後會丟錢，一點也不奇怪。附帶一提，你們現在有許多的所謂「金融衍伸性商品」，也是利用騙術包裝的遊戲，將會有不少人因此蒙受損失。

我要你明白，既然是遊戲，一定有人制定遊戲規則，參與遊戲的人，首要工作應該是去弄清楚遊戲規則。但是我看見的卻是：**一群出於貪念卻搞不清楚遊戲規則的盲從者，和一群打著盲從者口袋鈔票主意的貪婪者**。金錢遊戲不是壞事，除了沒有遊戲規則的之外；若你貿然參與了你不清楚遊戲規則或是沒有遊戲規則的金錢遊戲，那丟錢是應該的！

但是也有很多人精通金錢遊戲規則卻依然丟錢，那怎麼說？

所以可以稱他們精通規則嗎？就金錢這碼子事來說，結果永遠說明一切！讓你們困惑的是，如果現在的結果不是結果，那何時的才是？畢竟你們見到的是：有人搶銀行沒被抓到，逍遙法外大把的花用；而有人縮衣節食的奉獻，卻突遭橫禍……

在金錢上，往往是：越自以為精於算計的人丟錢，就算眼下不丟錢，卻損失更多金錢難以計價的事物。而越是不計較而盡力給予他人的，所得的，越是金錢難以計價的豐盛……

縮衣節食奉獻卻遭橫禍，那是他應得的嗎？

那縮衣節食奉獻卻遭橫禍，並非是他的結果，而是過程，為的是在未來要賞賜他更多的豐盛；相同的，那搶銀行卻逍遙法外的也並非結果。要知道，肉體有結束，生命卻不會有盡頭；**凡是你所遵守的信念，化為行動，都會在未來的諸多歷程中顯現為實體，不論你的信念和行動是正面或負面、善念或惡念。**

✧凌駕利益的價值觀

我們似乎離題太遠了，不過我喜歡這個話題，我超級想知道，為什麼長久以來我努力工作卻依舊沒能有我想要過的生活，而有些人不是那麼努力卻可以衣食無憂？祢的話不是新觀念，卻又再次提醒了我，那表示我該繼續忍受我現在的生活嗎？

我的孩子！你一點也不需要！其實我早已經給了你所有創造財富必須的工具，並且也給你派了好老師，只是過去你總是三分鐘熱度，凡事不求甚解，走了不少冤枉路。而現在，**你真的願意背起你的十字架，開始承擔一切你所應承擔的嗎？**真的開始願意聆聽你所應聆聽的嗎？開始願意憶起那你所曾經「是的」嗎？那麼，當學生準備好，老師就會出現！事實上

老師分毫不曾遠離！只是被你們的妄見遮掩，無法看見。

好吧！就算我接受祢的建議，重新開始經營直銷，但是根據我過去的經驗，很多人是排斥這門生意的，許多人多半會有先入為主的反感，或至少不置可否。

這行業確實被許多人誤解，但並非每一個人都反感排斥，大多數人只是因為不甚了解這行業，更別說認識它的精髓。人們聽聞其他人的經驗以做為自己的看法，而不論那人的經驗是否屬實，多數人在這件事情上是不會去求證的，而有更多的人在其一生中並沒有機會去了解。

其實，許多人都以為它是「銷售業」，但若是真正研究起來，將會發現它其實是「教育業」，它看似簡單，而所牽涉到必須要學習的領域，卻又是那樣的廣泛。經營它和宣教很像，正因為其入門簡單卻又博大精深，因此需要用「愛」不厭其煩的諄諄指導；其態度和模式上，其實就是宣教方法的複製，只是銷售標的從「神」變成「產品」，但是，卻一樣要用真愛、真心、真誠去經營。**這門生意隱含著神聖的意義。經營者不能把他當作一般的生意來做，你們需要去找一個凌駕利益的價值觀**，做為教育的基礎和宣傳的訴求。

凌駕利益的價值觀？

那意味著**你要將愛與接納、服務與承諾、誠信與感恩、忠誠與友誼擺放在利益之上**。之前說過，凡是能超越利益的，最後都將獲得超出他所能想像的利益。換句話說，你必須以「讓心靈更提升」來做為工作目標，因為，你們真正的財寶是在天上那我已為你們預備好的！而只有圓滿了自己的靈魂，方能感知並且獲取。傳銷只是那傾倒財富至人間的平台，凌駕利益的價值觀則是有效的工具。

我懂祢說的，但是對大多數人來說，利益仍是重要的，若是我們無法在一開始時以利益做為誘導，後面那具有超越利益的觀念也無法導入……

那就用誘人的利益去吸引人吧！但是對凌駕利益的價值觀以身作則！如此一來，你將**「做你說的，說你做的」，讓話語變成具體，道成肉身**。讓有眼的都看得見你們行出來的價值觀，你將發現人們的信任度會大幅上升，而組織將因為信任度的連結大量倍增……那些運用欺騙手法的經營者將難保基業長青，因為**你無法永久欺騙所有人，不能言行一致的人終究會被自己淘汰**。他們不是被市場打敗，卻名副其實的是敗在：不能在行為上勝過自己「非善」的念頭。

坦白說我仍擔心失敗……

孩子！失敗不在我的計畫理。**「成功」是只謀求自己的利益及發展，而「成就」則是謀求眾人的利益及發展。**價值觀建立一體性，若是你可以把我所說的價值觀帶入組織，我敢保證，群體意識會快速倍增，到時你就會知道「成就」二字的真意。而你要的富裕也將會自然湧現。

你的擔心來自於過去眼見太多的「失敗者」，其中不乏曾經獲得成就者，他們的失敗多半來自於「驕傲」，之前我們曾經討論過驕傲帶來的影響。驕傲之於事業成就，幾乎沒有任何的正面效益。影響小者，容易錯估能力，誤判利害，痛失良才；影響大者，就會自以為是、目中無人、口無遮攔，而漸漸失去人心，最後眾叛親離，草率收場。你應該看過不只一個例子，當一個人「忘了我是誰」會帶來什麼樣的後果！

呵呵~祢可真是一語中的！對我而言，我是不會忘記祢是誰的，但要是我當時真的成功了，很可能會忘了我自己是誰……呵呵！

是啊！要是以前的你成功了，你不但會忘記我是你的神，也會迷失了自己，更不可能坐下來禱告跟我說話，畢竟，過去的日子你並不夠成熟到讓我可以像現在這樣跟你說話。這些年，你因過程中的挫折與智慧而累積了夠強的心靈能量，讓你可以代表許多人發言，你說，這對你而言，究竟是幸還是不幸呢？

祢忽然讓我有種自己還蠻了不起的感覺……呵呵！

你剛剛還老覺得自己會失敗呢！

祢很能啟發一個人的智慧嘛！

這是我來的目的！**當你心中時常懷抱愛、感恩與謙卑，就已經將驕傲的危機消滅於無形了！**切記！**對人尊重，對事認真，對神感恩，對物珍惜……**一直堅持這樣的**思、言、行，**你所想要的結果將會水到渠成！晚安！

晚安！

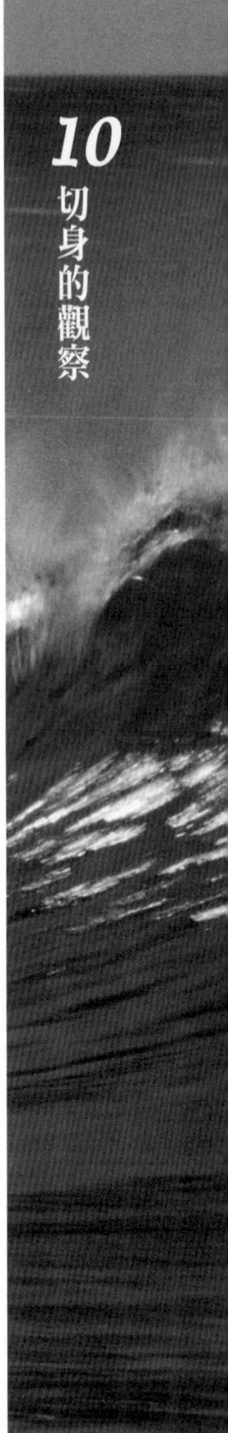

10 切身的觀察

✧真誠的人際關係

距離我們上一次的談話已經過了十個月，天啊！日子飛快！！

我猜你有不少的話要跟我說。而且我注意到你的進步！人性進步的速度多半趕不上科技，你們會遇到的多半是「人」的問題；而要解決人的問題，只要先學會解決自己的問題，**只要自己對了，這個世界就對了！**

我注意到一個以前我忽略的現象，那就是：在我的世界中，一旦我開始動，我的世界裡那些和我有關的一切也開始動了；而只要有行動，就一定會產生特定的結果，所以我領悟到祢之前說的「世界以你為中心」這說法是對的！另一點發現是：我注意到，一旦專注在「助人」的目標開始行動，就一定會帶來財務的收入；相反的，若是將目標專注在「金錢」上，則多半會遇到阻礙。

很多人都領悟到這一點，可惜的是，能真心將「助人」擺放第一位而完全不計較「利益」的人並不多，自然界的昆蟲動物們則很清楚，若不這麼做將無法存活。

舉例來說，工蜂是將「採蜜」做為主要目標，卻在完成這目標的同時，協助了花朵的授粉。大象是為了要「吃飽」而大量咀嚼枝葉，卻在邊走邊吃的過程中，幫助果實的種子散布……大自然裡充斥著這類例子，因為，沒有一個生物可以不仰賴其他生物而獨活，也沒有一個生物可以拒絕協助那與他生存相關的生物，這就是偉大的大自然所展現的真理。

人類和其他動物不同，你們在彼此之間加入了金錢做為媒介，彼此不再像大自然那樣，無條件的供應對方而只索取對方「順便」的幫忙。如果人們在經濟活動上可以仿效自然界「無償」的供應對方，則基於自然法則，對方勢必要「回饋」某些協助——這樣彼此的需求都得到了滿足。

哈！想得美！無償？怎麼可能！所有一切都有對價關係。人性是貪婪的，而且也不會相信對方無償取得後會有所回饋！

你有沒有受人恩惠後想要報答的經驗？

有啊！

那就是了！比較多是發生在單純的孩提時候。瞧！動物幾乎都具有自動回饋的天性，只是隨著你們年齡漸長，涉世漸深，這樣的天性就隱藏了。其中最大的原因就是因為「利益」。因為利益，人們多半不願意無償提供；因為貪婪，人們都希望這類「無償」的事多多益善，於是給予和回饋的本能逐漸被隱藏。

祢說得有道理，但是整個人類的經濟模式就是這樣子架構的呀！

人類的經濟架構，一開始就不是以正確的視角在看待所有一切資源，他們認為一切資源是不足的，必須要有個什麼等值的來讓人們可以換取他所不足、所需要的，於是金錢發明了！阻隔了供需雙方，切斷了彼此付出與回饋的本能。由於金錢的出現，就會產生利益的分配，而利益的分配則造就了貪婪……

祢似乎是在指控整個人類社會的經濟學……

喔！不！我的孩子！我只是把人類原本該有的生存型態告訴你。我還可以更進一步的說，**目前人類的經濟型態，將難免每隔一陣子就發生經濟危機和經濟恐慌**，因為從一開始的「經濟起始思維」就已經偏差了，這一個小小的思維偏差在經歷百年的歷史之後，已經為人類創造許多次的經濟恐慌、金融風暴、金融海嘯……現在有，以後還是會有。在你們修正經濟學課本和經濟結構以前，會間歇的發生，最後終舊難免全盤瓦解。因為它與自然法則不符！

你們已經知道，你們傷害地球的環境引發溫室效應等大自然的反撲，難道不知道金融風暴也是人類特有的經濟大反撲嗎？**凡是違背自然法則的，最後沒有不哀哭切齒的！**

難道沒有別的解決辦法？我們這一波的全球金融風暴已經讓許多銀行倒閉，甚至有國家因此破產！

良知，這是唯一的答案！也是最簡單的。

當產油國能夠不為自己的利益而操控產量和油價，就能維持物價的穩定；當銀行業者能夠不為自己的利益，願意降低貸款利率並做好風險管理，就能夠降低許多貸款者的負擔；當保險業能夠不為自己的利益，維護好保險業的社會功能而非搶食金融商品市場，就能夠讓保戶享有合理的保障；當證券業者能夠不為自己的利益而涉入內線交易，就能增加更多投資大眾的投資意願；當人類可以不再為金錢而貪婪，就可以減少更多的詐騙案件……上述**所有的**

「不為自己」，都必將有人「為了他」而做出合理的回饋，小至個人，大至國家。這乃是自然之道！

我一點也沒料到，今晚會跟祢討論經濟學……我的學歷才高職而已，這已經超出我能談論的範圍。

但是對我並沒有任何影響，我可以任意的訂定主題，而你只要跟上就好。事實上，今晚我們所討論的都是一般人可以理解的觀念，跟學歷的高低無關。就是有許多像你這樣自認「經濟非專業」的人，將金錢交給了所謂的「金融理財專家」，甚至讓他們來為你的錢做投資的決定，才導致許多的金融悲劇。

專家就是贏家嘛！而且自己不懂，不是更容易做錯選擇？所以還是聽專業建議的好。

這句話有修正的必要。**許多的金融專家從來也沒在金融市場中「贏」過**，有更多的專家是從來沒有操作的經驗，若不是許多無知的大眾將錢交給他們，他們終其一生也不會有實戰經驗。

祢這麼說會害那些理財專員失業。

生命會找到自己的出路的，就像你一樣！

是啊！當祢的信差好像是個不錯的出路呢！雖然我的生活因為祢起了極大的變化，但是在這相對的世界中，仍然會有不認同的人給予我嚴厲的批判對不對？

批判就讓他們批判吧！你們每一個人這輩子都很難逃脫被批判的命運，卻不是因為你們做了什麼或沒做什麼，而是因為世人那習慣貼標籤的人性……要不然也不會有你們的那句成語——毀譽參半！毀和譽都是一種標籤，一種由他人加上的標籤，卻沒經過你的同意；世人用他們的眼光看你做什麼、聽你說什麼，來斷定你的一切，「論斷」的習性已經深植人心。然而我卻要告訴你，**任何沒經過你同意的標籤和論斷，於你而言都是沒有力量的！**只要你不同意，這些標籤和論斷就不能影響你！

這似乎並不容易做到。祢之前曾經提到「超然」，要超越情感和情緒去做事或許辦得到，但是要在人際關係上表現超然，難免被人認為是「冷漠無情」……

被人認為……你始終很難跳脫出「他人看法」的泥沼……這很好！我們就從這裡開始我們本次的對話主題吧！因為這不只是你個人的問題，也幾乎是每一個人都會面臨到的問題。

對於冀望人生能夠起飛的人而言，人際關係可是一門必修課程，我認為這個話題是個很好的開始……

由於人們無法體驗到自己內在的那份圓滿，心智因此發展出「渴望獲得認同與肯定」的假象需求，也因此「設身處地」、「為人設想」、「讓人喜愛」……變成了顯學，這類的書籍汗牛充棟，卻依然解決不了內在最深處的那份不圓滿和缺憾，因為真正的答案永遠不是在他人身上，而是對自己的認識和價值觀的建立。

前面說過，你永遠要「先」照顧自己的需求。卻有太多人在人際關係上「先」顧慮到他人的感受，為了滿足他人的感受，可以壓抑自己的需求，甚至讓自己蒙受損失和委屈；然後夜深人靜時自怨自責、懊惱後悔，但是隔天見到對方卻依然隻字未提，只因為怕弄壞了關係……他們不知道，正是這樣的過度小心翼翼和恐懼，造成了自己人際關係上的挫折。

因為，在人際關係上，凡是違背了自己內心的需求與初衷，難免表現出虛偽不實的態度，即便再善於隱藏也會透露端倪，敏感的對方就會感受得到「你不真誠」。他或許不會知道你不真誠的原因，但是他會知道你的壓抑與不自然，然後就將他們從你身上解讀到的，用和你一樣的方式來和你互動；最後你就會發現，怎麼我周圍的人都不真心……原因就在於你太在乎他人的反應、態度以及看法，卻忽略和壓抑了最真的自己。

當一個人不能真誠的面對自我並且展現自我時，終有一天，就連自己也要被自我遺棄。

有句話說**「別人正是你的鏡子，反射你內心的行為」**，此言不虛！

祢的意思是，叫人們「真誠的表現自己」而不需要處處迎合他人、自我壓抑對吧？但是現代社會裡，這有多難啊！人與人之間都已經習慣戴著面具在互動，若真誠的表現自己，除非打算讓自己的人際圈不再擴大。祢知道的，贏得友誼必須要投其所好，這一點甚至是比表現真誠的自己更重要。

戴著面具可以贏得友誼？你可能贏得夥伴，卻不會有「友誼」，你應該回去再讀一遍我們之前所談到的「友誼」！

我的孩子！**你可不可以用最真的自己去投其所好？**這兩者並沒有衝突，唯一要注意的是「態度」，人們可以由態度去辨別你的真誠和虛偽指數，**一個有著適當態度的人，不會留在困境裡太久。**最恰當的態度往往是：**確實表現自己在對應者中所應表現的角色。**

你們會遇到問題多半只有一個原因，那就是連「自己」的角色都不清楚。我再說一次，你們連自己的角色都不清楚！「自己」就是一個角色，如果連「自己」是什麼都弄不清楚，追求任何世俗上的角色都只是水中撈月。

很多人以為「角色」是這世界和周遭環境所賦予的，那是外在的職業、形象、表現。我所說的「自己的角色」，是去**體認到自己內在的力量和天賦，並且真正的承認自己所不足的，同時承擔一切應負的責任**。就這一點來說，很多人是有問題的，而這也是世界之所以到現在還未達理想的根本問題——你們都不願意為自己的生命負責，更不要提到為他人的生命負責、為周遭的環境負責！要解決這個問題除非……

除非什麼？

除非你們願意靜下來進入自己的內在！找到屬於自己的那一份神性，則你需要的一切也必加給你了！

✧神眼中的台灣與對岸

我受夠了！祢總是這麼講！總是這麼講！我們打開雙眼見到的是這個世界，一閉上雙眼就漆黑一片，神在哪？愛在哪？光又在哪？祢說很多人不願意為自己的生命負責，但我看見的卻是一群認真為生活打拚的人。祢知道現在我們正經歷金融危機，台灣正處在極度的不景氣中，有多少人每天睜開眼睛就是不停的奔忙工作才勉強得以餬口，有更多的人是在貧窮線以下過日子。

祢總是提到什麼神性啊愛的，或許這些東西在衣食無缺時很引人入勝，但對一個要拚命工作以求生存的人而言，卻像是鏡花水月，他們為孩子的註冊費憂心，為房租愁苦，他們的收入有限而該死的物價卻不停上漲，最讓老百姓不爽的是，那些高官厚祿的人拚命在口袋裡為自己塞鈔票，又一副假仁假義的嘴臉，工程弊案一件接著一件，卻只見到官員互踢皮球或粉飾太平……喔！我的天！祢難道不能做點什麼來改變這些事嗎？難道我們都該為這些該死的狀況負責任嗎？

你今晚似乎有備而來呢！你說完了嗎？

還沒有！我們的股市雖然終於在金融海嘯後上漲二千多點，但是成交金額卻沒有跟隨著上漲。明白的人都知道，這是政府有目的的拉抬股市，為的是讓新政府的政見可以實現，但民間基層的消費力依舊未見成長，很多人還是成天哭窮。

台灣的國球職棒又爆發打假球的事件，涉案的球員和簽賭集團的互動密切，大傷球迷的心……我不懂棒球，但是我知道這樣的事情是不應該發生的——要是我們有足夠的經濟基礎讓球員享有「無法買通」的高收入，則簽賭集團也無從使力……我的意思是說，不會有人想要去買通王建民讓他投假球吧？祢是神！我相信祢！但是我真的不認為祢確實了解我們現在遭遇的處境！

你今天很嚴肅，但是就你所要討論的項目而言，輕鬆一點反而比較有幫助。其實沒有什麼事情是超出我的了解的，你利用跟我對話的機會來替你的同胞發聲，這真的很好！你要我做些改變，事實上我也正在這麼做！我在你身上展現神蹟，也對包括台灣的全世界施展神蹟！只是和你們以為的「神蹟」不太一樣。我當然知道台灣乃至全球當下的狀況！是的！是有一群人正活在你所稱的「辛苦」的日子之中，甚至為此鋌而走險。但若是你知道這份辛苦會出現的真正原因，你或許能平靜一點。

真正原因？我來告訴祢真正原因！真正原因就是：全國官員都向錢看，上下交爭利，文官愛財，武官怕死，該把關的放水，該重罰的輕放，誰當政都一樣！都是一群豬玀飯桶！通通只向錢看！

你今晚的火氣不小！我還是要建議你小心你的用詞，尤其是，你知道這些資料有可能被公開閱讀。你剛剛都沒說到重點上，你只是就你所看見的結果在發牢騷，因此你說的是果不是因。

那祢說說原因！我倒是想聽聽祢對當前台灣的看法！

真正的原因是……大多數台灣地區的人們，在過去三十年的經濟起飛中，並沒有學習到謙卑，有太多的人是糊里糊塗的因為經濟起飛水漲船高而發了財，少部分的人抓住了機會，謹慎使用他的財富並使之擴大，他們變成了投資者和企業家。這些人或多或少都曾因為財富而產生「我慢」之心，認為一切操之在我——有錢！你所說現在過得很「辛苦」的那群人，有許多在過去的三十年間都曾經擁有機會或是財富，而宇宙的定律是，**凡是對所擁有的不感恩也不謙卑，則祝福難免退去。**所以你會看到，富人財富大縮水、中產階級成為新貧族，而不能被滿足的人則鋌而走險。

反觀那些能保有財富的人，正是因為過程中他們「做對了一些事」，**那「對的事」就是「謙卑」所衍伸出來的一切行為**。因為，**你所擁有的一切財富，正是宇宙交託你保管的**，一個盡忠的保管人不該是傲慢的。也因此，這一段短暫不景氣的辛苦，正好可以磨去這些人的傲慢之氣，讓他們重拾以往的打拚和勞動精神，重新出發。**當一個人打拚勞動時，很難驕傲得起來。**這也就是毛澤東「勞改」成功的原因，他知道這個祕密。

我敢打賭，是祢教他的！

誰說不是呢！雖然他當時的自由意志也造成了中國不小的問題。但整體來說，他成功的建立了新中國的基礎。

好極了！大陸有毛澤東勞改，台灣則由上帝來進行勞改！

你要這麼下論斷我也不阻止你，畢竟你們傷害不了我。只是，知道了宇宙的法則，會讓你們對現在遭遇的辛苦少一些埋怨，多一些學習。而在這一次的風暴後，台灣將會與眾不同，真的！**如果夠多的人學到他該學的經驗並且進化，台灣的未來絕不會沉淪。**不過這決定在你們自己手上。

我們會和對岸統一嗎？

你讀過《三國演義》嗎？

讀過。

第一章的首句說的就是答案。

「天下大勢分久必合、合久必分」對吧？這誰都知道！我要問的是「最近」是什麼時候會統一呢？

那麼你希望兩岸統一嗎？

老實說，我自己從沒深入想過這樣的問題。我並不參與政治，但是我認為維持現狀很好，畢竟誰也不知道統一之後的結果會是怎樣的，儘管有許多種的說法和可能性，我想我還是把它保留給未來。就一個老百姓的角度來說，我認為只要可以豐衣足食安定過日子，有太多意識形態的東西是不需要考慮的，那只會讓問題複雜化。或許會有人認為我太狹隘，只要吃飽穿暖就好，但這不正是老百姓的需要嗎？

你認為維持現狀就好？眼下的台灣的確可以讓你吃飽穿暖，但要是說到豐衣足食，可能還有段距離。時不我予，台灣那一段經濟奇蹟的光輝歲月已經是昨日黃花了。現在有不少人認為，台灣的未來在大陸，要是沒有大陸做為台灣的經濟腹地，台灣是無法走出現在的困境的。那一些人傾向統一，藉由一個廣大的經濟市場來讓政治得以結合。

祢認為呢？祢的看法怎麼樣？中國是社會主義國家，馬列思想是主要的國家思想，祢真的認為，讓早已習慣言論自由和民主自由的台灣人民接受共產主義統治，會一點問題也沒有嗎？

你剛剛說你不參與政治，又說把可能性保留給未來……說得一副事不關己的模樣，現在看來你還是挺有自己的看法的。這樣很好，但是現在的中國已經不是幾十年前的中國了，就連大陸人民的聲音，總理都要關心，更不要說台灣了……

祢現在打算要告訴我什麼？和中國大陸統一是好的？是沒有問題的？

中國是一個崛起中的經濟體，就經濟面而言，你們無法失去這塊腹地與市場，而這是全世界都在覬覦的；**台灣擁有得天獨厚的優先選擇權，若能正確的選擇，台灣可以做為全球經濟的樞紐。**

政治面而言，中國現在已經不是道地的社會主義了，他們的開放經濟讓社會主義產生了質變。你會發現，中國在經濟面的成長和硬體設備的發展，已經不是當日的吳下阿蒙，甚至和許多所謂的先進國家相比毫不遜色，這二十年的開放，已經使中國共產主義的色彩被資本主義淡化。

是的！但是共產主義的極權本質在很多地方仍然鮮明的出現。例如西藏問題、人權問題以及言論自由等，所有資本社會該有的權益，並不是完整的出現在中國大陸，甚至到現在，還會有許多不符合公平正義的事件在中國社會發生……雖然我知道分久必合，我也不是反對中國統一台灣，但是我認為，起碼的公民權益要受到保障，要是被納進一個隨時活在恐懼中的國家，我想我倒寧可維持現狀，哪怕僅能溫飽。

是的！中國內部仍有許多的問題有待改善，除了你說的那些之外，另外還有更嚴重的環境破壞的問題。中國是信奉唯物論的，就相對面而言，他們也會為所造成的環境問題尋求制衡之道。若要我說，他們的確為了建設而破壞環境，但對環境保護的重視與規格，卻也遠在台灣當前之上。至於你說的人權問題和言論自由，或者社會的不公不義的事件，在台灣沒有嗎？

我想現在已經很少了，要是在過去戒嚴時期，那這些事可是多如牛毛！

是嗎？要是我告訴你，這些事現在仍存在台灣的社會中，甚至深入官僚系統，你一定會很吃驚。**若是你有注意新聞，就會知道，你們台灣的女性在很多方面的人權仍是低下的！要是你有留心資訊的內容，就會發現，台灣的資訊爆炸，而言論自由甚至已經氾濫到指鹿為馬、黑白不分的程度！要是你知道，一個男老師對女學童的猥褻竟然可以被吃案，而那老師還可以繼續任教，你就會清楚你們所謂的道德良知和公平正義是什麼！**

要總結目前我觀察到台灣現況的一句話就是：不負責任！甚至連現在跟我說話的你，也是一樣不負責任！你會提出你對政治和社會的看法，你會注意到權益和公平正義的問題，但你也僅止於談論，你並沒有真真正正去做些什麼！是的！你有對慈善團體捐獻，但你以為那是你唯一可以做的，你去安撫過受虐的小孩嗎？你有療癒家暴婦女的創傷嗎？你照顧過安寧病房的病人嗎？又或者你照顧過流浪動物嗎？對這個有形的社會你做了什麼？我看不見！

我可以知道的是，你們多數人都在談論和抱怨，彷彿生命中除了生存，就只剩下這個！但是你知道對岸的年輕人在做什麼嗎？幾乎是從上到下一致的裝備自我，強化能力，深怕落後於這崛起的大時代。要比努力，**當你們在爭執七分是不是可以念大學的時候，對岸的年輕人看的已經不是北大，而是哈佛、劍橋；當你們的員警在包娼包賭收賄的時候，對岸的公安以國家的責任和榮譽為首要思想；當你們的官員面對災民說「拜託！父親節耶！跟爸爸吃頓飯算什麼！」的時候，對岸的溫家寶說的是：「對不起！我來晚了！」當你們的國軍可以在演習時看歌舞秀、在營內飲酒營外嫖妓時，對岸的解放軍已經將戰略眼光推到全世界……**

我不想長他們的志氣滅你們的威風，但是看看你們的現狀，真的具有競爭和談判的籌碼嗎？我希望這一番話可以提醒身在台灣的每一個人……

台灣被祢說得像是一無是處……是啊！他們是越來越進步，但是他們也用飛彈對著台灣呀！我無法相信任何背後以武力做要脅的協議會被圓滿的履行！我不諱言，我始終感覺中國對台灣有陰謀！

讓我明說吧！不是陰謀，是陽謀！這陽謀圖的是利益和顏面，早已經非關什麼領土完整。老弟！對一個曾經敵對的雙方而言，飛彈的設置是雙方都會有的，台灣不也部署了不少防禦性武器？對現代人而言，武力永遠是解決問題的最後手段，但是卻必須持續維持著；

我說過，直到一體意識產生以前，你們都無法避免使用武力。那並沒有對與錯，只是在過程中，你們是否明白武力所要付出的代價？最大的問題是，付出了代價是否就能學到你們所該學到的進化？

祢是說，對岸武力的要脅是必須的？祢認可？

我不置可否，一切都由你們兩岸做主。我的意思是，在兩岸一體意識產生以前，飛彈的部署是無法避免的。至於是不是會使用到？會有一段不算短的日子不會用到，但是卻不可能撤除！全世界有軍隊的國家都知道，不能沒有備戰的準備。

好！不談武力，祢剛剛說到中國大陸在各方面的進步，但是他們也有很多部分仍有待加強呀！例如貧富差距問題、城鄉差距問題、教育問題、失業問題等等……

你認為他們沒有人關心並且具體改善這些問題嗎？依我觀察到的，對岸的官員雖然也有貪官污吏，但在解決上述問題的部分，因為牽涉到國家整體形象的關係，他們仍然是兢兢業業的；至少，現在的中國受到全世界的矚目，這個臉丟不起，愛面子的中國人無論如何會有效又扎實的解決這些問題。甚至你之前提到的人權問題、言論自由等問題，也會在時間的催化下逐漸獲得解決。

人們說中國現在走的是「社會主義下的資本主義路線」，資本主義和社會主義從許多方面來說是對立的，若要繼續走下去，則顯而易見的，將會有許多社會主義的堅持必須瓦解，或者是有條件的讓步。因此中國內部的質變是可以預期的，改革是不可能走回頭路的。你需要擔心的不是飛彈的問題，而是，**一旦兩岸開始真正的大量交流，台灣年輕人的競爭力是否可以與之抗衡？**

現在我稍稍平靜一點了……我注意到，其實兩岸都有各自的問題要面對和解決，而同時又要面臨越來越頻繁的交流所帶來的衝擊以及歧見的化解。我知道終歸是不能違抗分久必合的命運，但是說實話，以我所了解現在台灣的年輕人，我實在不認為他們準備好面對這一場無法避免的競爭……

不要妄自菲薄，台灣在許多方面的基礎還是略勝一籌。例如，台灣對文化水準教育的植根，就比中國來得強，對人文意識的重視要遠勝過對岸。換句話說，中國大陸重視的是「術」，講方法技巧、重策略謀畫，而台灣這邊的強項是「心」的意識和教育，講觀念態度、重意識型態。**彼此各執一方優勢，未來若能兩岸異中求同而終於融合，心術合一的結果，將會為世界帶來顛覆性的震撼。**

二十一世紀是心靈的世紀，單靠「技巧」取勝已經失去優勢。台灣可以善用此「天時」，來為自己做個大躍進，做為與大陸合作的籌碼。

台灣現在需要的是「再學習」。已經有太多的人在學校畢業之後，除了機械般的工作外，腦袋充斥著電視節目和網頁內容，不要說看書，甚至連書店也不逛，無知覺的活在這個讓自己可以擁有豐富心靈的島嶼，而讓自己繼續在貧瘠的意識中泅泳。要是你可以喚醒這些人——我知道將會有些人選擇被喚醒，他們將可以優游來回在融合後的兩岸。

✧奇蹟沒有難易之別

謝謝祢告訴我這些……我想祢說的沒錯，我自己就是屬於看重「意識形態」的人，只是有時候偏執了點……

如果你的偏執是「堅持選擇聆聽直覺」，那你的偏執就是有價值的偏執，否則你的偏執只會讓自己一次又一次的陷入小我營造出的幻象亂流。你最近的生活中有不少聆聽直覺的經驗，你已經很清楚，透過直覺的引導所帶來的奇蹟會是什麼！

那倒是！我在今年（二〇〇九）十一月初的某一晚，被喚醒並被告知要用募款的方式出版這本書，奇怪的是，立刻有許多點子「竄」進我的腦袋，好像它們本來就該那樣發生似的。儘管我的心智對這樣的做法有高度懷疑，但我還是按著直覺做了，我將部落格改版，撰寫贊助文並提供贊助回饋品。老實說，面對冷漠的網路陌生族群，我實在沒有信心「贊助」的方式可以有多大的迴響，但反正沒有損失，我做就是了！

結果呢？

那簡直是奇蹟！部落格人數開始激增，人不知道是從哪來的，竟然在兩個月內湧入超過三萬人，贊助的留言和贊助款也開始累積，短短的兩個月已經募到超過出版一本書所需要的費用。祢猜怎麼著？在這兩個月中，又發生另一個奇蹟！

我當然知道發生什麼事，一切都是我安排的！但是你的讀者會很想知道……

我猜祢一點也不介意我對祢再敘述一遍吧？更早以前我被祢告知，為了要讓我自己「操練並熟悉」這部對話，在一年之內，這本書將不會有出版社接受；但是鐵齒的我就是不信邪，依舊瘋狂的針對出版社寄發稿件，只是也真如祢說的，都石沉大海就是。

就在我開始執行贊助計畫，打算自費出版時，有一天我收到一封信，寄自一位某大出版社的總編輯，她用惋惜的心情寫了長篇的信件給我，只為了要對我表明無法錄用。祢知道，當時我已經開始募款，不打算靠出版社了，我對這封遲到的惋拒信根本就沒有多大的感覺，但是我讀出那位總編輯的用心，並且回了信。就這樣我們一來一回好幾次，最後竟然成了朋友，她願意接納這份稿件了！很快地，我們簽好了合約，這本書的出版才算是塵埃落定。

你還記得，當時是什麼讓你沒把她的來信刪除而選擇回信？

我記得！是感動！我讀出了那位總編必須要割捨卻又惋惜不已的心。即便我的書不能被她採用，我也決定對她的用心給予一些認同與鼓勵，一來是表現我的風度，二來是要對她的那份心意表示感激，卻沒想到竟因此促成了書籍的出版……

生命充滿了驚喜不是？你沒有依著心智的慣性做事，而選擇聆聽直覺，恭喜你通過了考試！幾乎沒有例外的，當一個人選擇聆聽直覺，總會獲得超越他所以為能獲得的！

祢真是太神了！這兩個月來的奇蹟簡直是說不完，讓我活在一無所缺的滿足裡……我真的只能說，若非親身經歷，絕對無法想像，這一切的過程竟是如此的豐盛完美……

你為什麼不乾脆說，這根本就是像神一般的日子……

我很想這麼說，但我不想讓讀者們有被僭越的感受，畢竟，說自己正在過著像神的日子，對某些人來說會不好受。

要說僭越，這整本書的內容已經僭越了世間許多人的認知，不差這一點；若要讓世人感覺悅耳，我只需抽手即可，自有小我的聲音會取代。但你很清楚，小我會把你領向何處！要知道，**聖靈來不是要和小我妥協的，也因此當初耶穌會說：「我來不是帶來和平，乃是爭戰。」**

我知道小我會帶我們走向死亡和滅絕，因為凡不是真實的就必消失……

很好！你真的懂了！但是還不夠，這兩年來，你因為這本對話的影響，已經使你判若兩人。你的改變是必須的，因為若不如此，這本對話一旦公開，難免變成你的笑話！

現在已到了公布的時候，出版是必然的。用奇蹟的方式展現它的問世，是為了要叫世人知道，**奇蹟沒有難易之別，任何人都可以展現奇蹟！**唯一的關鍵是，**人們是否願意放下小我的認知，開始聆聽直覺。**

該怎麼做呢？我是說，我是一個沒啥靈性基礎的人，會有這經驗，純粹出於無意間，但是其他人呢？祢能不能教教大家該怎樣聆聽直覺，並且透視小我的伎倆？

孩子！不要急！這一本的內容就夠那些和你一樣的靈性初級者搔頭皮了！**在他們閱讀的當下，自會有聖靈的相伴**。你應該收到不少讀者們跟你分享他們看完部落格後的奇異經驗吧！那就是聖靈的明證了！只不過距離真理實相還早，我們會至少合作十年，寫上好幾本，好好闡述那會令世界「起笑」的觀念。其實有不少觀念早已經在「奇蹟課程」中透過耶穌傳遞，只是礙於文字的障礙，至今仍只有少數人可以明白其真諦。我會協助在人們回家的路上補上一腳，加速他們的進程。

看來我後面的工作不少！可以先告訴我有幾本書嗎？

不會少於五本，但其實你早就寫好了，只不過你忘記了。一切曾經發生、正在發生和將要發生的，都是早已發生的！整體存在於一個同時！我是洞悉全局的全能者！不是只有書本，不久還會有繪本與影片，而我將會和你一起完成這些工作，你只需將自己交託給聖靈，讓祂為你引路，聖靈自會透過你，將真知灌注到所有找尋答案的人身上！

我很好奇，「奇蹟課程」已經有為數不少的實修者，坊間也出現許多解釋的著作，難道不夠嗎？祢又為何找我傳遞「奇蹟真理」？祢知道，我幾乎很少參加讀書會，那本厚重的「課程」，我買來到現在，甚至翻閱不到十次，我懷疑我自己是否有足夠的能力可以解釋那些內容，如果連耶穌都非要長篇大論不能說清，那我憑什麼？

孩子！有很多的事情，你是不需要擔心的，自有聖靈照料一切；要知道，奇蹟沒有難易之別，也沒有大小之分。**我透過一個不識靈性為何物的傢伙闡述奇蹟課程，不會比一個早已悟道的人來得更不相同**；事實上，這整本書都是針對未來的奇蹟學員而設計的入門內容，跟那本厚書比起來，更加淺顯易懂又不生澀。我敢保證，凡是看完這書的，將會在操練奇蹟課程上有神速的進步！至於坊間的諸多相關書籍也很好，眾讀者依個人需求閱讀，只要讀者可以突破文字和語言的限制，自會找到回家之路；有時候繞遠了也無妨，因為「神是你最終的標靶，你不會錯過的」。

隨著東方在世界的興起，「奇蹟課程」將需要東方在地人的闡述，不用擔心拾那些西方人的牙慧，比起那些字母，你們有更豐富的文字可以運用以幫助闡釋，只要資料來源無誤，你們的文字將可以確保提供更加詳實易懂的奇蹟資訊。

祢像是在說「奇蹟課程」的中譯者翻譯得不是挺好？

那是你的分別，別老想設陷阱給我跳，我可不吃小我那一套！好壞之別不在我的價值觀中，我眼中看一切都是好的！**若水（「奇蹟課程」中譯者）已經做了她這一生最重要的工作，就是將奇蹟課程中譯。**之所以會在那課程之外另外安排這些未來的說明，是為了幫助不同根器之人，要知道，我願萬人得救，不願一人失喪！

說得好！這好像是《聖經》的句子，祢讓我想到，我在最慘時幾乎覺得被祢遺棄了！當時讀這句話倍感諷刺……

你客氣了！你當時幾乎是咒罵上帝吧！我並不介意有多少人像你當初一樣的咒罵我，不過奇怪的是，你們寧可咒罵上帝，也不願意真心的相信上帝的愛會成就你。你可能不相信，就連那些相信上帝的人，對上帝也並非完全的信賴。所以經上說：「口裡稱呼我主啊主的人，不能進神的國。」

祢的意思是說：有些人相信祢卻不信賴祢是嗎？我一直以為相信和信賴是一樣的。

相信和信賴是截然不同的，有著程度上的差異。讓我給你講個故事：

有一個人，平常很認真的禱告、讀經，也完全遵守信仰的誡命。就在一次登山旅行的夜晚，他不幸墜崖，黑暗中他伸出手，抓住了一支樹枝讓他免於墜落。那晚天上並沒有月亮，沒有月光的深山顯得更加恐怖，他懸掛在半空中又伸手不見五指，內心極度驚恐，手臂越來越疲憊……由於並沒有同伴隨行，他清楚知道不會有人發現他……無助中他只好向上帝求助，於是拚命的向上帝禱告，祈求上帝救救他。

就在他不停禱告時，奇蹟發生了，雲端發出了聲音說「鬆開你的雙手」，他愣了一下，心想這是誰在說話？上帝嗎？上帝怎麼會要他放開那救命的樹枝呢？「這一定是魔鬼！」他想。他繼續更專注的禱告。這時他又聽到相同的聲音：「鬆開你的雙手。」他已經萬分疲憊，差一點就決定接受那「魔鬼」的建議放手……但是堅強的意志力讓他決定不理會那聲音，繼續禱告。就這樣，他一整晚抓著樹枝不停的禱告，直到天亮。

當他用疲憊不堪的眼睛望向微微發亮的遠方時，他吃驚的叫了起來……原來他離地面只有三呎，昨晚那叫他放開雙手的聲音正是……

上帝的聲音……

唔……是的！**要是你的話，你會放手嗎**？

我嗎？我會的！現在我已經可以清楚分辨小我的聲音和來自祢的聲音，就算因為聽祢的話而墜崖身亡，我也相信祢會照顧我的靈魂。

孩子！你的信救了你！**生命在許多的轉彎處是必須要放手的～～用愛去釋放**！願意放手乃是基於信賴。信賴是指相信加仰賴，一種更多的倚靠，甚至可以將生命交託出去……

這是個很有意思的小故事，謝謝祢！我想，人人看到這則故事，都可以假想自己就是那名登山者，可以問問自己會不會放手？

不肯撒手的往往是你意識中的小我，而當情況變得逐漸失控時，他們甚至還會出現抱怨與咒罵的語言，就像他們遇上其他不幸事件一樣所產生的受害者反應。不過我仍然會繼續給予關懷與支持，不管你們是信賴我或只是相信我。當然啦！信賴我會比單單相信我要有用得多，因為我是無條件愛你們的神！只要你們把心打開，開始愛你自己，就都會看見我的作為……

真的要結束了對吧？這一年多來，透過祢以及祢所為我安排的一切，使我成長進步遠超過以往。我是徹頭徹尾換了一個人了，我不知道要怎樣表示我的感謝。祢讓我清楚明白太多事情，也讓我擁有過去所沒有的一些機會，謝謝祢！謝謝祢！我會身體力行並將祢所說的傳承下去。

孩子！新生快樂！這份對話是我送給每一個像你一樣追尋真理的人的禮物——你們都尋找神多年了，我會讓每一個追尋真理的人找到它。

但是，當你們真正聽到神的話語時，你們真的願意信賴嗎？還是會將書束之高閣，再度把我當作魔鬼呢？不要因為我的承諾好到和你過去被教育的神不同，而讓你無法接受我，其實我真是那樣的寬宏博愛沒有限制。但是若你們真的無法接受也無妨，我說過，孩子終究是會回家的……會回家的……因為……

「神是你的標靶，你不會錯過祂的！」

是的！是的！絕不會錯過的！我們這一階段的對話將要告一段落了。這些日子辛苦你了，也謝謝你！我認為你應該休息一段時間，時候到了我們將會再記錄另一本書。

我該怎麼形容我現在的感受？我有萬分的感激和感動……祢為我做了那麼多……我甚至不知道該怎麼回報祢……而祢居然還謝我……其實這是我無上的光榮……謝謝祢給我這份光榮……

孩子！我謝謝你，是因為你值得。你將要像許多世界各地的天使一樣，去傳遞真理和光……和愛……好好扮演你的角色吧！在真理的道路上，你的工作具有無比的重要性。

祢知道，自己下決心和承受神命，是完全不同的……我不知道未來會如何，但是我感覺到責任的加重，似乎沒有退路的空間，讓我有些害怕……

孩子！不要怕！當你呼求我時，你將發現我與你須臾不離，你我從來不異於一，因為我就住在你裡面……當你決定要做一件事的時候，就是你將你的意願與我合一的時候；而我承諾將會協助你，提供一切你的需要；若你堅定不移，你必可嚐到我們合作後的甜美果實。

謝謝祢讓我知道我自己是誰……謝謝祢讓我擁有這般的平安與喜悅……謝謝祢將智慧透過這份對話告訴了我……謝謝……我相當捨不得……這一陣子和祢相處的感覺，很平靜很愉快，我希望能夠天天這樣子，我會期待我們下次的對話……謝謝祢為我做的一切……謝謝祢……

是啊！是啊！孩子！和我在一起是很令人安適的……

我答應過不會離開你們的，直到世界的末了……

神啊！我感謝祢……因為我所需要的一切，祢在我祈求以前，已經都為我預備好了！而且預備得如此豐盛，甚至遠超出我應得的份……

我愛祢！……

謝謝祢！

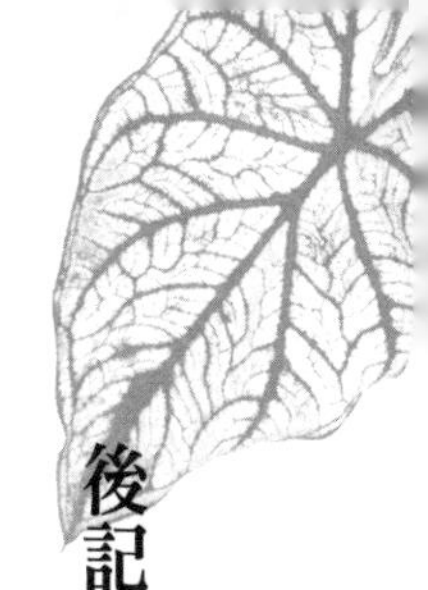

後記

這場對話自二〇〇八年五月一日夜間十點半開始，並且日以繼夜的持續著。有時長篇大論，有時寥寥數語，卻未曾間斷。我只需要坐下來，就會自然進入「接收對話」的狀態，即使被雜事打斷也不受影響。到後來，我已經很習慣這種「與神對話」的感覺。

神的話不少，有時我一坐下來就是十個小時。有一些是祂與我極私密的對話，並不適合公布出版，請容我保留。對話內容隨著時間經過，我經歷了所謂的拙火經驗和祂所為我安排的工作，有幾個月中斷了記錄（只有祂和我零星的談話，並未記錄），那一段中斷記錄的時間，卻也是我靈命接受實戰的時間。那段期間我首次經歷並正視到，原來我們的「小我」在工作與生活中是那樣的堅強固執，不肯撒手！

中斷了幾個月後的一晚，我從睡夢中被喚醒，開始打字。直到你正在閱讀的當下，這場對話仍在繼續！我也相信我會一直記錄下去，因為祂曾親口答應，隨時與我同在！記錄時，我一人獨坐電腦前，時而大笑，時而啜泣，當時若有人在場，一定會覺得我瘋了！

還記得我上次寫作的時間是在十年前，當時一時興起提筆，區區五千字就已經令我絞盡腦汁，完成後只覺得全身無力。這一次若非神助，單憑我，要如何完成這本精采的對話集？更不要說，在過程中，周遭一切原本令我感到痛苦和煩惱的事件都一一自動解決……甚至連部分債務都得免除，我除了說這是神蹟外，實在無法用理性頭腦解釋這些事件！我必須承認，我自己已經完全臣服在這些內容裡，而祂不但改造了我，也確實改變了我接下來的人生！

每一次的閱讀，都讓我更明白愛。原來我是活在愛裡的！不論是我的父母、妹妹、表姊、朋友、寵物乃至於是神！只是從前的我陷在腦袋裡，誤把小我當真我，竟感受不到這滿滿的愛，當然也感受不到來自神的奇蹟。

千百年來，人們試圖要去證明神的存在。然而神是那絕對的神，「證明」一詞只能在相對的世界中發生，我們無法在相對世界裡「證明」祂的存在，而神也不會試圖去證明祂自己；因為真實的存在無需證明，而且那會干擾我們的自由意志，除非……你帶著真心呼喚祂！畢竟，無論神用什麼方式「出現」，都無法真正令所有的人信服，因此就像神自己所說的：「我根本不在乎！」

是的！我們也不用去在乎是否真的有神，然而，若是有一位自稱是神的，說了一些話，想必是和人會說的不太一樣，或許我們都應該要聽聽看，然後再做價值的論定。

這一份資料是神對我說的話，也是神透過我要對你說的！祂認識你！祂愛你！祂知道你找祂很久了，祂也知道你陷在生活中各方面的困擾裡。不論你只是隨意瀏覽，或是字字詳讀，都不影響祂要表達對你的愛。嚴格來說，這本書不是我寫的，只是透過我！我只是個信差，負責將這份訊息傳遞給你。希望這本書的內容能夠將平安、喜悅、快樂帶給你，更希望你能運用它創造出有如神蹟般的人生！祝福你！

〔致謝〕

作者對四萬名部落格友以及百位贊助者的由衷感激

本書能夠付梓出版，除了感謝神之外，更要感謝一群來自網路的陌生朋友們支持，沒有你們，這本書不會出現！謝謝你們，諸位天使！你們用留言、贊助、分享的方式一路支持著「老神再在」部落格。

由於贊助人數近百人，唯恐道出這位漏了那位，以及考慮到有一些人習慣低調，請原諒我無法一一道出你們的名字。但是……在神之內我們彼此互為一體！

I see You & you see me!

許多網友都曾留言表示感謝這一份資料的出現，也將讚美和榮耀給了我，其實我何德何能？你們不知道的是我更感恩有你們的出現！我們原本是不認識的，甚至我不知道你們是怎麼來到我部落格裡的！而且你們不但到來，還廣為分享這些訊息，我只能說這是神的安排！一切都是奇蹟！我們原本是在不同領域和國度的人，竟然可以因著神，因著生命中偶發的個人經驗，促成了這一切！再一次證明了神的無所不能！而且祂的應許必會實現，真實不虛！

藉由大家的力量讓這本書問世了，我只是掛名作者，真正的作者是神，而各位贊助的金錢則是推動這一切的潤滑劑！從部落格改版接受贊助，到書本付梓，中間所發生的過程是奇蹟的連續，環環相扣，沒有一個奇蹟不是緊接著一個……沒有一個奇蹟可以單獨分開，少了任何一環，這本書就不會問世！我要深深一鞠躬，謝謝大家！

我們大家做的都是同一件事——「傳遞與分享」，在奇蹟中這便是「推恩」。也願各位都能繼續帶著光和愛延續這份感動，讓希望不滅，奇蹟不止！

為一切已經成就的和將要成就的感謝神！歸榮耀給祂！

明杰

網友迴響

- 謝謝你把這段對話記錄下來……有些部分也解決了我對神的疑惑……謝謝～

- 自我內在的聲音的確可以幫助自己走得更遠～很棒的文章～

- 感觸良多……我決定推薦你的文章了！

- 是的，神或上帝無所不在，並不屬於任一單一宗教，是屬於每個人，那些認為別人不同信仰即為異端或他人不接受其信仰方式即不能得救的人，並不是真信仰神或上帝。謝謝您的分享……

- 版主您遇到的困境我十分能夠感同身受，這些文章讓我看了好感動。也希望能早日見它出版！我在自己的部落格替本站做了一個連結推廣這本書，也希望更多喜愛心靈成長的朋友造訪這裡，找到生命的希望。

- 你好～我很感動看到你的對話。也認為那個上帝才是我接受的上帝，這些東西的確解決了我諸多的疑問……

- 感恩您現身說法，讓大家能注意到真實的自己與可互通的神、聖靈、自性、本尊。推推～

- 很感動。我也正在看《與神對話》，會介紹給更多朋友看貴網誌！感謝神！

- 那種感覺，是需要生活歷練去發覺出來的，與神在一起的感覺，與神對話，您的感受，我極有同感。您寫得非常好，讓我不浪費了這個週日而總算是有收穫！謝謝您！

- 我是淚眼汪汪的從開始看到結尾，我知道這是感動和喜悅的淚水。謝謝你！

- 我把發現你這個地方稱為奇蹟，因為我們有一群人組了一個讀書會，讀的就是《與神對話》，我會把這個網站介紹給我那些讀書會的夥伴們，謝謝你！祝福你平安喜悅！

- 是啊，我們總是在需要時，才想起神一直在我們身邊，讀您文章，又是一收穫！

- 粉棒的對話，尤其是～復活不只一次，只是樣子不同，但我們卻不記得～

- 感謝版主！！感謝神！！我已看過一遍，但仍會想再多看幾遍，似乎每看一次就有不同的感受！！真期待實書的到來！！

- 這些對話雖有《與神對話》的風格但相當本土化，我相信相較於老是只能看西方靈媒意氣風發大談特談要好太多了！我們也終於有了屬於自己的高靈對話錄了不是嗎？

- 很棒的對話錄，跟《與神對話》的神幾乎可以確定是同一位，內容非常深刻而感人，希望可以早一點出版成書，我一定會買來閱讀收藏的！

- 這幾年，歷經人生許多磨鍊，對生命幾乎絕望的時候，朋友就像天使般，傳來你的 blog 網址。謝謝有你與神的對話。很棒。希望你的文字，能一傳十、十傳百，讓全世界都能從心靈上提升。

- 非常謝謝提供；收入心坎裡（感動）……行有餘力之時，眼光放遠，心層打開，我們一起感恩天、地，可以的話共同為天、地做一些事吧！

- 祂的每一句都是無懈可擊的回答，即便有時起疑時，就在逗點後的下一句話就是我心中疑問的解答。如此完美也如此幽默，一再的激起心中的感動！

- 你知道嗎？我看了這篇我有多麼感動，眼淚又不聽使喚了，臣服神性，讓小我徹底死亡！

- 謝謝你的網誌，說真的，你敢公布出來這些，真是有偉大的愛心，讓我們眾多人享受神的話，尤其是性與真愛的那部分，真的讓我有種解脫的感覺，我可以大聲的說我是無罪的，我是被愛的，我是有用的人，感謝大慈大悲救苦救難的神。當下的決定都是正確的。

- 這一切都可以讓我們體驗到，愛無所不在。

- Dear 版主，很謝謝你（神）的分享，我也是莫名其妙就點到你這來了，呵呵，我收到好多的禮物，期待書的上市！

- 真的很棒！我讀過《與神對話》非常多次，老實說，除非真的已經完全得道的人，否則無人能模仿神的論點。我願意相信與你對話的是神（或是高靈），也期待你的書盡速出版！我願意做為我們讀書會的讀本，畢竟這本書不須再透過英文的翻譯，可以直接以中文回應。

- 好發人深省、懇切的提醒！與其憤世嫉俗，不如從自身做起。

- 很喜歡你的文章，特別是文中你對神的愛！就是對人類無分別的愛！彼此相愛是基督的最大指示，但宗教上卻是批判與恐嚇下地獄，讓我離開教會。

- 感恩神的祝福與這安定人心的話語！！

- 我期待去看到你做為神不需要我們痛苦的證據！祝你在實現神的旨意的道路上！

- 就是這樣。你讓很多人知道答案，平靜人們的心。我感受到你的網站有一股很強的能量。祝福你。

- 很值得珍藏與分享……很感恩能見到這一些文章。

- 謝謝版主的提問與接收與分享，也請神繼續的輔導我們人類，相信透過版主跟神的合作能進化這世界。

- 自從進來這個與神溝通的管道，我一直隨時提醒自己，要正向思考。

- 有這個網站真好，可以跟神即時通。

- 最近在讀《與神對話》的書，突然發現了這裡，真的很妙。

- 直覺——有著說不出的特別感，感覺——也是一種形容不出的特別，目前也請老公一起進入閱讀，今天也向妹妹及妹婿分享，建議進入閱讀中。真的很謝謝你！！更加是謝謝神！！

- 你真的是真實與「神」對話嗎？？你的「奇蹟對話錄」一直吸引著我，讓我真的嘖嘖稱奇～～雖然與我禪修的部分相似，但也有我一直得不到的問題解答～～謝謝你！！

- 看到您的經歷，感覺不可思議！曾有個催眠老師，曾說過這樣的話來鼓勵同學:「唯有勇敢的靈魂，才會選擇高難度的劇碼。」你是個很正面的人，期許自己向您看齊。

- 不知不覺逛到這個部落格來，我無法想像與好奇怎麼與神對話～～那是多奇妙的一件事啊？？

- 隨意點選網站，想了解讀過《零極限》心得。進入此網，深深被網住站名，朋友曾經推薦過，無緣不聚！謝謝你！我愛你！

- 謝謝你的記錄！！更加感謝神的回答！！

- 這些天，我總不停地和老公分享文章裡「神」的回答，是如此的和我們所知不同，但值得相信。最讓我感到驚訝的是～～有一段提到，「神」清楚知道「誰」將看到這些文章。看到時，有股莫名的震撼，難道……一切都是安排好好的？？？而我一直以來都天真的相信，「神」是慈悲的，「愛」是神奇的，「世界」是美好的，「宇宙」是不匱乏的，在這裡一一得到相同的答案，我很開心真是如此。

- 感謝在這讓我更認識神！雖然我已有獨愛的神，但我也愛祢！因祢愛世人，我能感覺祢的愛……推推～感恩明杰的傳達！讓世人更了解神的愛與恩典～

- 我覺得你有個難能可貴的特點，就是真實……

- 只要尋找就會找到，只要敲門、門就會開～老神再在這標題下得真好！！神果然不負眾望，我相信很多人都將會覺醒，只要每一個人都拿出自己一份小小的力量，匯聚起來就是最大的蛻變潛能～謝謝你～我愛你！

- 那一天，老公突然對我說：妳自從看了奇蹟對話錄之後，似乎變得更開心、快樂，而且每件事也變得更順心，轉變的速度比參加禪修來得快？我以微笑回應。……曾幾何時……我已跳脫，不再難過。或許如文中所言，當一遍又一遍的讀過之後，其內在的思維已在無形中改變了、覺醒了。感謝版主！！更感恩神！！

- 時而笑、時而哭、時而感動、時而省思。感恩這份對話、這份記錄，看見了更深的自己＆獲得大大的啟發！！祝福大家收穫滿滿！！

- 感謝明杰的用心，感謝這裡每一位的真心，哈！！一切實在好神ㄚ～

- 大家都是荷光者！我已經看到世界越來越好了！

- 明杰！加油！世界有你真好。感動更多人，喚醒更多的愛。

- 今日第一次上你的網站就欲罷不能！

- 到目前為止，我還是擁有許多貴人相助，別懷疑，版主您也是其中之一。有些時候特別容易感傷，但思緒是清明的。很高興看到這篇文章說。

- 我很喜歡杰哥的文章。人生也許是個大學堂，在這過程中不斷學習，不斷成長。這當中有挫敗，有懊悔；有甘甜，也有喜樂。

- 感受到那滿滿「真誠的互動、愛的流通與靈魂的歡愉！！」感恩分享！！

- 謝謝老天！也感謝版主，感謝聚在這邊的一切，真的感謝每個讓我感受溫暖的事件！

- 真棒的對話！！感恩你的分享！！祝福大家都能從小小我的愛進入到大我的愛與光當中！！

- 版大你好！今天我第一次發現你的網站，真是太神奇了～～

- 好感人的故事丫！！發自內心的主動分享，難能可貴。真該多多推廣，讓更多人看見。謝謝版主分享！！謝謝神賦予人「愛與分享」的能力！

- I see you ！

- 深深的同感！！期待更覺醒與更進化！！

- 親愛的神啊！請讓越來越多人願意傾聽內心的聲音。雖然現實的社會給予許多的考驗，祢已為我們準備好豐盛的生命。願我們放下那些制約，享受那我們心中想要的生活……

- 人的感官原本就受到諸多限制，所以人們常用所看到的、聽到的，就為事情下定論。希望人們能多用心去感受，感受周圍的人事物。多一份同理心，也多一份理解。

- 明杰，感謝你的分享。原來，我們早已擁有無比的幸福，卻常常身在其中不知福。

- 該感恩！！加倍感恩！！無法形容的感恩！！感謝神的恩典！！

- 燈塔是站在黑暗中的。它站在黑暗才能顯出它是燈塔。

- 有黑暗才知光明，進而追求光明；有錯誤才知正確，進而學習正確，感恩分享。

- 「誦經千萬遍，不如親自做一遍。」「追尋上師、榮耀神、佛最直接的方法，就是活出他們的精神，將其美好德行內化，活出那般的慈悲與智慧，活在永恆的平安與喜樂之中。」

- 謝謝明杰的分享。外在的一切都是自己的投射，我現在慢慢有體認，只是，我也覺察到，也許因我內心平靜了不少，遇到的人事物都是好的，但那個小我的聲音在低吟著好無趣。我驚覺，人生確實不自覺的吸引一些麻煩，真的都是自己吸引來的！謝謝你，你也是我生命中的貴人，不論是看你文章或與你談話一席，都能有收穫，謝謝你！

- 生命的目的是活著；享受每個當下的愛與感動；享受你這篇文章；真是美！真是感動。

- 神總是不斷的令人驚喜！這個回答，讓我們對不批判有更明晰的了解，對我們的生命有莫大的幫助！到底有多少祕密是我們所不知道的？到底有多少真相是神還沒有說出來的？只要我們不斷的成長，就會有更深刻的真理被宣講出來吧！

- 親愛的明杰：恭喜你了，一切都超乎預期的順利，而這，也正是走在自己使命之路的證明。而你的用心，讓這些奇蹟得以發生，你的確是神的最佳信使！相信實體書的誕生，會讓更多的人受益，從而改變他們的人生。你的經歷沒有白費，對這宇宙的貢獻深具非凡的價值，而這一切都要……感謝神！

- May bring peace to Taiwan. Best Wish ！感恩！老神！加油！杰哥！

- 過年後一直沒時間來逛逛，看到大家的熱烈回應，感到很開心，好想快快看到書喔～

- 很久沒來，但一來看到好消息，真的太感人了！很為你高興，也為所有人的願力感到折服！最近我也漸漸堅定對自己的認識，減少恐懼和遲疑，當然還需要很大的努力才能達到我的目標。

- 越受苦的人越容易接近神～這是我的感覺！祂總是不在你最快樂的時候出現～祂總是在你最徬徨無助、最需要人幫助的時候出現～祂不會去選擇一個大家都認為已經很完美的人，祂會選擇在心靈上受苦的人～給予幫助～

- 現在每天上你的部落格閱讀文章是我的功課之一喔！

- 昨天我和讀書會朋友們說的第一句話是：「有台灣人寫的《與神對話》出來了。」因為我看了很多靈性方面的書，原文、翻譯的都有。我總是和我的夥伴們說，為何我們東方人沒有辦法寫出這些東西呢？而現在你是用你的母語在傳達……

- 加油！會發生在你身上的禮物，一定有發生的因緣，接受就是最大的能量！

- Dear 謝兄，莫名其妙的進入你的部落格，收穫很大，我想都是神的安排，讓我一步一步的走到這。

- 明杰你好：看了你的對話，與看尼爾的對話共鳴是一樣的，可能是同是台灣人，話題也參雜著前、後任總統，又多了一份親切感，在此真的很感謝！經由你，我又重新體驗到這位幽默的神，謝謝！！

- 親愛的明杰：看到你一件件奇蹟似的事情發生，也給我無形的力量去實現自己的夢想，謝謝你，也謝謝神！獻上我的祝福。

國家圖書館出版品預行編目資料

老神再在：奇蹟對話錄／謝明杰著；——初版. ——臺北市：商周出版：家庭傳媒城邦分公司發行, 2010.5
面；　公分. ——（Open Mind;12）

ISBN 978-986-6285-71-4（平裝）

1. 心靈學 2. 靈修

192.1　　99006348

Open Mind 12X

老神再在（暢銷修訂版）：奇蹟對話錄

作　　者／謝明杰
企畫選書人／彭之琬、徐藍萍
責 任 編 輯／徐藍萍

版　　權／吳亭儀、江欣瑜
行 銷 業 務／周佑潔、賴玉嵐、林詩富
總　編　輯／黃靖卉
總　經　理／彭之琬
第一事業群總經理／黃淑貞
發　行　人／何飛鵬
法 律 顧 問／元禾法律事務所 王子文律師
出　　版／商周出版
台北市115南港區昆陽街16號4樓
電話：(02) 25007008　傳眞：(02)25007759
blog:http://bwp25007008.pixnet.net/blog
E-mail：bwp.service@cite.com.tw
發　　行／英屬蓋曼群島商家庭傳媒股份有限公司 城邦分公司
台北市115南港區昆陽街16號8樓
書虫客服服務專線：02-25007718；25007719
服務時間：週一至週五上午09:30-12:00；下午13:30-17:00
24小時傳眞專線：02-25001990；25001991
劃撥帳號：19863813；戶名：書虫股份有限公司
讀者服務信箱：service@readingclub.com.tw
城邦讀書花園：www.cite.com.tw
香港發行所／城邦（香港）出版集團有限公司
香港九龍土瓜灣道86號順聯工業大廈6樓A室_ E-mail:hkcite@biznetvigator.com
電話：(852) 25086231　傳眞：(852) 25789337
馬新發行所／城邦（馬新）出版集團【Cite (M) Sdn. Bhd.】
41, Jalan Radin Anum, Bandar Baru Sri Petaling,
57000 Kuala Lumpur, Malaysia
電話：（603）90563833　傳眞：（603）90576622

封 面 設 計／張燕儀
排　　版／極翔企業有限公司
印　　刷／韋懋實業有限公司
經　銷　商／聯合發行股份有限公司
新北市231新店區寶橋路235巷6弄6號2樓
電話：(02)2917-8022　傳眞：(02)2911-0053

■2010年5月4日初版
■2024年5月23日二版4.7刷
定價340元　　Printed in Taiwan

城邦讀書花園
www.cite.com.tw

 ISBN 978-986-6285-71-4

廣　告　回　函
北區郵政管理登記證
北臺字第000791號
郵資已付，免貼郵票

115　台北市南港區昆陽街16號8樓

英屬蓋曼群島商家庭傳媒股份有限公司城邦分公司　收

請沿虛線對摺，謝謝！

書號：**BU7012X**　書名：老神再在（暢銷修訂版）　編碼：

請於此處用膠水黏貼

讀者回函卡

感謝您購買我們出版的書籍！請費心填寫此回函卡，我們將不定期寄上城邦集團最新的出版訊息。

姓名：＿＿＿＿＿＿＿＿＿＿＿＿＿＿＿＿ 性別：□男 □女

生日：西元＿＿＿＿＿年＿＿＿＿＿月＿＿＿＿＿日

地址：＿＿＿＿＿＿＿＿＿＿＿＿＿＿＿＿＿＿＿＿

聯絡電話：＿＿＿＿＿＿＿＿＿＿ 傳真：＿＿＿＿＿＿＿＿＿＿

E-mail ：

學歷：□ 1. 小學 □ 2. 國中 □ 3. 高中 □ 4. 大學 □ 5. 研究所以上

職業：□ 1. 學生 □ 2. 軍公教 □ 3. 服務 □ 4. 金融 □ 5. 製造 □ 6. 資訊
□ 7. 傳播 □ 8. 自由業 □ 9. 農漁牧 □ 10. 家管 □ 11. 退休
□ 12. 其他＿＿＿＿＿＿＿＿＿＿＿＿＿＿＿＿

您從何種方式得知本書消息？

□ 1. 書店 □ 2. 網路 □ 3. 報紙 □ 4. 雜誌 □ 5. 廣播 □ 6. 電視
□ 7. 親友推薦 □ 8. 其他＿＿＿＿＿＿＿＿＿＿＿＿

您通常以何種方式購書？

□ 1. 書店 □ 2. 網路 □ 3. 傳真訂購 □ 4. 郵局劃撥 □ 5. 其他＿＿＿＿

您喜歡閱讀那些類別的書籍？

□ 1. 財經商業 □ 2. 自然科學 □ 3. 歷史 □ 4. 法律 □ 5. 文學
□ 6. 休閒旅遊 □ 7. 小說 □ 8. 人物傳記 □ 9. 生活、勵志 □ 10. 其他

對我們的建議：＿＿＿＿＿＿＿＿＿＿＿＿＿＿＿＿＿＿＿＿

＿＿＿＿＿＿＿＿＿＿＿＿＿＿＿＿＿＿＿＿

＿＿＿＿＿＿＿＿＿＿＿＿＿＿＿＿＿＿＿＿

【為提供訂購、行銷、客戶管理或其他合於營業登記項目或章程所定業務之目的，城邦出版人集團（即英屬蓋曼群島商家庭傳媒（股）公司城邦分公司、城邦文化事業（股）公司），於本集團之營運期間及地區內，將以電郵、傳真、電話、簡訊、郵寄或其他公告方式利用您提供之資料（資料類別：C001、C002、C003、C011 等）。利用對象除本集團外，亦可能包括相關服務的協力機構。如您有依個資法第三條或其他需服務之處，得致電本公司客服中心電話 02-25007718 請求協助。相關資料如為非必要項目，不提供亦不影響您的權益。】

1.C001 辨識個人者：如消費者之姓名、地址、電話、電子郵件等資訊。
2.C002 辨識財務者：如信用卡或轉帳帳戶資訊。
3.C003 政府資料中之辨識者：如身分證字號或護照號碼（外國人）。
4.C011 個人描述：如性別、國籍、出生年月日。

請於此處用膠水黏貼